LOVE, LOVE, LOVE

»You had me at hello.«

Renée Zellweger zu Tom Cruise
in *Jerry Maguire* (1996)

ANNA BUTTERBROD

LOVE
LOVE
LOVE

33 wahre Geschichten von der großen Liebe

SCHWARZKOPF & SCHWARZKOPF

Liebe Leserinnen, liebe Leser!

Das Vorwort

Früher dachte ich, die große Liebe gäbe es nur in Hollywood. Wenn Richard Gere für *Pretty Woman* die Feuerleiter erklomm oder Patrick Swayze in *Dirty Dancing* sein Baby verteidigte, schmolz ich dahin. Aber irgendwann fingen diese Rosarot-Fantasien an, mich zu nerven. Die Traumfabrik trägt ihren Namen ja schließlich nicht umsonst. Als ich meine ersten echten Beziehungserfahrungen machte, wurde mir schnell klar: Mit einem Traum hat das manchmal wenig zu tun…

Trotzdem scheinen alle Menschen unbeirrbar auf der Suche nach der großen Liebe zu sein. Ich fragte mich: Macht das überhaupt Sinn? Doch gleich am Anfang meiner Recherche für dieses Buch stieß ich auf Paare mit verliebt funkelnden Augen, die auch eine Julia Roberts nicht so oscarreif hätte nachspielen können. Ich habe mit 33 Menschen gesprochen, die für ihre große Liebe um den halben Globus reisten, bis zum Zusammenbruch kämpften oder Entscheidungen trafen, die kein anderer nachvollziehen konnte. Wer wirklich liebt, pfeift darauf, was der Rest der Welt sagt.

Eigentlich sollte ich jetzt Beziehungs-Profi sein und jede Menge Geheimtipps geben können: Wo findet man sie denn nun, die Liebe in XXL? Ehrlich gesagt habe ich darauf keine Antwort. Denn bei diesem Abenteuer gibt es nur eine Regel – nämlich die, dass es keine gibt. Das macht das Ganze ja so spannend. Ob im Internet, am Swimmingpool, hinter einer Hotelrezeption in Afrika – das Schicksal kann überall warten. Und es ist ihm piepegal, ob man in dem Moment ungeschminkt oder in Trainingsklamotten dasteht. Wenn's knallt, dann knallt's, auch ohne perfektes Outfit.

Heute bin ich felsenfest überzeugt: Das Schicksal führt jeden von uns zu Mr oder Mrs Right. Es *muss* so etwas wie Seelenverwandtschaft geben – sonst hätten viele der Paare in diesem Buch unmöglich zueinanderfinden können. Was sie erlebt haben, war kein Zufall.

Viele halten die große Liebe für altmodisch – dabei ist sie doch einer der wenigen Zeitlos-Faktoren in unserem Leben. Auf meinem Nachttisch steht ein Schwarz-Weiß-Foto von der Hochzeit meiner Eltern: meine Mutter mit Schleier neben meinem Vater, dessen schwarzes Haar vor lauter Pomade glänzt wie polierter Granit. Aufgenommen wurde das Bild am 4. Dezember 1964. Wenn ich meine Eltern heute treffe, haben sie noch immer diesen verliebten Blick von damals.

Darum lautet mein ultimativer Ratschlag: Bitte glaubt an die große Liebe! Es lohnt sich.

Anna Butterbrod

DREI SEKUNDEN

Annette (33), Controllerin, Dortmund
über
Stefan (32), Physiker, Dortmund

Einundzwanzig, zweiundzwanzig, dreiundzwanzig. Drei Sekunden brauchen wir, um uns zu verlieben. Innerhalb dieses minimalen Zeitfensters entscheiden wir, ob ein Mensch zu uns passt oder nicht – sagen Wissenschaftler.

Wie viele Stunden meines Lebens ich schon vor irgendwelchen Spiegeln verbracht habe, um mich auf diese drei Sekunden vorzubereiten! Von den Schuhen bis zum Lippenstift – alles sollte stimmen. Das Haar wurden dreimal geföhnt, bis es schön fluffig saß. Nie ging ich ohne Wimperntusche vor die Tür. Schließlich konnte auf jeder Tanzfläche, vor jeder Supermarktkasse Mr Right lauern. Und für den musste ich perfekt aussehen. Dachte ich.

Was für ein Quatsch das ist, lernte ich erst vor vier Jahren. Alles fing mit meiner Kontaktanzeige in einer Online-Singlebörse an. Seit anderthalb Jahren war ich zu diesem Zeitpunkt bereits solo – und extrem genervt. Um mich herum wurden alle zu Ehefrauen oder Mamas und meine eigene Mutter fragte ständig: »Gibt's da nicht mal wieder jemanden?«

Nein, gab es nicht. Mit Ende zwanzig wurde es schwierig, einen ordentlichen Kerl zu finden. Die guten waren vergeben, der Rest gehörte leider oft zur Kategorie »beschädigte Ware«.

Eine letzte Hoffnung hatte ich: Vielleicht wartete ja online der Richtige auf mich! Schließlich liegt das Internet-Glück bei uns in der Familie. Mein Bruder und meine Cousine haben auf diese

Weise ihre große Liebe gefunden. So schlecht schien das ja nicht zu sein, dachte ich – ohne eine Ahnung, was da auf mich zukommen würde.

Ich lud also ein hübsches Sylter Strandfoto von mir hoch und legte ein Profil an: »Ich bin groß (1,85 m) und auf der Suche nach großen und großartigen Menschen. Goldkettchen und Oberlippenbärte sind mir zuwider, aber Individualität ist ein Muss. Was ich genau suche, ist schwer zu beschreiben.«

Aber ganz bestimmt war es nicht das: Mein erstes Blind Date schien laut Annonce ein echter Draufgänger zu sein, aber als er mir gegenübersaß, konnte ich vor Langeweile kaum die Augen offen halten. Ein anderer hatte schon eine Freundin von mir gedatet, sodass ich wesentlich mehr über ihn wusste, als ihm lieb war… Nach vier erfolglosen Abenden schwante mir: Den Hauptgewinn würde ich hier nicht absahnen. Infrage kam höchstens ein Wackelkandidat, kein echter Traumtyp, aber eigentlich nicht übel. War ich schon verzweifelt genug, um mich auf einen Kompromiss-Mann einzulassen? Ich ging in mich und fand ein klares Nein. Mama musste die Hochzeitsplanung eben weiter in die Zukunft verschieben.

Und dann kam Stefan. Sein Foto gefiel mir auf Anhieb: Er trug einen Wanderrucksack durch einen saftig-grünen Wald und hatte ein nettes Lächeln. »Ich habe keinen Bart und mag kein Gold. Also müsste ich doch in dein Raster passen, oder? Groß bin ich auch, aber ob ich großartig bin, müssen andere beurteilen. Hast du Lust, das herauszufinden?«, mailte er kurz vor Silvester.

Endlich mal einer, der es schaffte, gleich mehrere geistreiche Sätze aneinanderzureihen! Das machte mich neugierig – genauso wie seine tiefe Stimme am Telefon. Wir machten ein Treffen für den 7. Januar aus und wünschten einander einen guten Rutsch.

Von »gut« konnte allerdings nicht die Rede sein: Erst erkältete ich mich in der Silvesternacht, dann kam auch noch eine Bindehautentzündung dazu. Mein rechtes Auge wurde so dick, dass ich meine Brille nicht mehr aufsetzen konnte. Am herbeigesehnten Date-Tag musste ich schließlich zum Notarzt. Der verordnete mir eine Augenklappe, Bettruhe und bloß keine frische Luft. Aber ich war doch mit Stefan im Café verabredet! Es gab genau zwei Möglichkeiten:

A) Ihm absagen. Aber das kam nicht infrage. Denn ich konnte es kaum erwarten, ihn endlich kennenzulernen – Piratenlook hin oder her.

B) Ihn zu mir nach Hause einladen – was jedem Dating-Kodex der Welt widersprechen würde. Schließlich kannte ich den Mann ja kaum.

Ich erstickte die Hilfeschreie meines gesunden Menschenverstands mit einem dicken gedanklichen Daunenkissen und entschied mich für Lösung B. Als Stefan klingelte, stand ich nervös im Hausflur. Make-up war in meinem Zustand undenkbar, nur die rötlich-pulsierende Schwellung rund um das zugequollene Auge brachte Farbe in mein Gesicht. Die Plastik-Augenklappe hatte ich in den Badezimmerschrank verbannt.

Ich kniff das linke Auge zusammen und spähte ins Treppenhaus. Wegen meiner Hornhautverkrümmung sah ich allerdings nur eine verschwommene Gestalt heraufstapfen. So sehr ich mich auch bemühte, Genaueres konnte ich nicht erkennen. Ein echtes Blind Date quasi.

Drei Stockwerke lang hörte ich seine Schritte – hätte aber auch mein Herz sein können, das mir inzwischen bis zum Hals schlug.

Endlich stand Stefan vor mir. Ich blinzelte und sah: eine blutverkrustete, zweieurostückgroße Wunde am rechten Mundwinkel, rote Kratzer am Hals. Seine Jeansjacke war mit pechschwarzen Schmauchspuren verziert und stank nach Rauch.

Einundzwanzig, zweiundzwanzig, dreiundzwanzig.

Zwei Invaliden, ein Gedanke: Wir lächelten uns an, als wären wir noch nie einem schöneren Menschen begegnet. Dabei sahen wir beide eher aus, als kämen wir gerade vom Casting für die Rocky-Horror-Picture-Show. Trotzdem funkte es so stark wie noch nie in meinem Leben. »Der oder keiner«, schoss mir durch den Kopf.

Die zwei Stück Butterstreuselkuchen, die Stefan mitgebracht hatte, waren bei diesem Kennenlernen das einzig Normale. Während wir sie auf meinem Sofa verputzten, erzählte er von seinem unglücklichen Zusammentreffen mit einer Silvesterrakete. Das Missgeschick war bei Freunden passiert, die an ihrer Pyrotechnik eindeutig feilen mussten: Die Flasche, in der der Kracher gesteckt hatte, war umgefallen und die Rakete nicht in den Sternenhimmel, sondern in Stefans Gesicht gestartet. An dieser Stelle konnte ich mir ein schadenfrohes Lachen nicht verkneifen, aber wegen der Schwellung tat das höllisch weh. Meine Schmerzensmiene brachte wiederum Stefan zum Schmunzeln – bei einer offenen Wunde im Gesicht auch keine gute Idee...

Bis spät in die Nacht lachten wir möglichst wenig und hatten trotzdem unendlich viel Spaß – auch wenn ich alle dreißig Minuten mit meinen Augentropfen im Bad verschwinden musste. Als es Zeit wurde, begleitete ich Stefan bis zu seinem silbernen Golf 4, wir umarmten uns – und wollten uns nicht mehr loslassen. Was folgte, war unser Kuss-Debüt: zärtlich und vor allem sehr, sehr vorsichtig.

Eine Woche später übernachtete ich zum ersten Mal bei ihm. Am Morgen machten wir im Bett ein Handyfoto von uns beiden, das noch heute auf dem Display erscheint, wenn einer den anderen anruft. Wer ganz genau hinschaut, sieht die Reste von Stefans Raketen-Wunde. Feierlich grinsend löschten wir unsere Profile bei dem Single-Portal und druckten alle Nachrichten aus, die wir einander geschrieben hatten. Liebesmission erfüllt!

»Den Mann, den du dir wünschst, den gibt es gar nicht!«
Diesen Satz habe ich früher so oft gehört, dass ich schon fast
selbst daran glaubte. Doch Stefan ist genauso, wie ich mir meinen
Traummann immer vorgestellt habe: Er ist schlau, liest viel, liebt
Kunst, Fußball und natürlich mich. Dass er Borussia Dortmund
und nicht wie ich Mönchengladbach die Daumen drückt, ver-
zeihe ich ihm großmütig.

Zwischen uns hat von Anfang an alles so sehr gestimmt, dass
Stefan mich vor zwei Jahren nicht fragte, *ob* ich ihn heiraten will,
sondern einfach nur *wann*. »Am liebsten sofort«, platzte ich heraus. Knapp zwei Wochen später sagten wir auf dem Standesamt
heimlich Ja. Dieser Moment sollte nur uns beiden gehören. Erst
später erzählten wir es allen und feierten groß in der Zeche Zoll-
verein in Essen.

Einundzwanzig, zweiundzwanzig, dreiundzwanzig – drei Sekunden, die für uns hoffentlich zur Ewigkeit werden.

EXPEDITION LIEBE

Denis (49), Abenteurer, Nürnberg
über
Tanja (39), Abenteurerin, Nürnberg

Schau doch hin, Denis! Deine Hand ist noch dran! Siehst du's nicht? Komm, beweg die Finger. Die Hand ist noch dran!«

Schmerzgekrümmt lag ich auf dem gerölligen Boden des Indus-Tals im Süden Pakistans. Um mich herum ragten die Ausläufer des Himalajas gen Himmel – doch ich fühlte mich, als wäre ich in der Hölle gelandet. In meinen Ohren rauschte das Blut, mir war schwarz vor Augen und ich brüllte wie am Spieß. Ein Dickicht aus Schmerz und Lärm, durch das sich langsam Tanjas Stimme kämpfte: »Die Hand ist noch dran, Denis!«, wiederholte sie hartnäckig, bis ich wieder bei Bewusstsein war.

Das war 1993, während einer unserer ersten gemeinsamen Expeditionen. »Husch! Husch!« hatte Tanja ihrem Kamelbullen Cookie zugerufen. Auf Urdu, der Landessprache, heißt das so viel wie »Setz dich!«.

Doch das Tier weigerte sich, und so gab ich ihm mit meiner Rute einen leichten Klaps auf die Schulter. Bei gereizten Kamelbullen in der Brunftzeit sollte man das besser lassen – diese Lektion lernte ich auf schmerzhafte Weise: Einen Moment lang passte ich nicht auf, und da schnappte Cookie mit seinen scharfen Zähnen nach meiner linken Hand, von der ich mich in dieser Sekunde schon gedanklich verabschiedet hatte.

Dass ich die Hand nicht verloren habe, verdanke ich allein Tanja. Sie hängte sich geistesgegenwärtig mit ihrem ganzen Körpergewicht an Cookies Unterlippe, bis ich endlich meinen stark lädierten Unterarm aus seinem Maul befreien konnte.

Tanja hat mich schon so oft gerettet. Wenn sie nicht wäre, säße ich heute im Rollstuhl oder hätte längst mein Augenlicht verloren. Ich habe viele starke Männer getroffen, die die Fliege machten, sobald sie auf einer Expedition in Gefahr gerieten, aber Tanja ist anders. Um mein Leben zu retten, würde sie jederzeit das ihre aufs Spiel setzen. Dabei hätte ich sie bei unserer ersten Begegnung vor 21 Jahren gar nicht so tough eingeschätzt. Ich fand sie einfach nur sexy. Helle Haut, dunkles Haar – Tanja war schneewittchenschön.

Meine Kumpels und ich hatten Fasching 1988 einen Skitrip nach Sölden gebucht. Auch Tanja war mit von der Partie und alle fanden sie toll, aber nur ich traute mich, sie anzusprechen. Ich war 28, dank Krafttraining ein Riesenklotz und verdiente als Verkaufsleiter einer großen Firma jede Menge Kohle. Mir gehörte die Welt, davon war ich fest überzeugt.

Als Tanja mir erzählte, dass sie nebenbei modelte, wurde mein Grinsen immer breiter. Doch die nächste Information haute mich fast vom Hocker: Vor mir saß eine 17-jährige Schülerin! Ein Küken – das im Kopf aber schon unendlich viel weiter war als andere Mädels.

Ich blendete den Altersunterschied und jegliche Logik aus. So ist das eben, wenn einen die berühmte Liebe auf den ersten Blick trifft. Darum spielte ich auch mit offenen Karten: »In einem Jahr gehe ich auf Weltreise«, eröffnete ich ihr, »und zwar für drei Jahre.« Schließlich konnte ich nicht einfach so eine tolle Frau anbaggern und dann abhauen. Dafür war sie mir viel zu wertvoll, auch wenn wir uns erst seit ein paar Tagen kannten. Ich wollte Tanja die Chance geben, noch rechtzeitig Nein zu dieser Beziehung zu sagen.

Ein bisschen tat sie das auch und ließ mich drei Monate lang zappeln. Mal eben mit ihr ins Bett springen? Keine Chance! Da wir beide aus der Nähe von Nürnberg kamen, hatten wir Nummern ausgetauscht. Wir gingen zusammen aus und spielten Squash, aber den ersten Kuss musste ich mir richtig hart erarbeiten.

Doch von diesem Kuss an war alles klar. Selbst meine Eltern zeigten sich begeistert. Tanja ist die erste und einzige Frau in meinem Leben, die sie je akzeptiert haben. Heute ist sie für sie wie eine eigene Tochter. Auch ich spürte, dass Tanja ein besonderer Mensch war. Natürlich hatte ich vorher schon die eine oder andere Freundin gehabt, aber bei Tanja stand für mich schnell fest, dass es etwas Ernstes werden könnte.

»Magst du vielleicht mitkommen auf meine Reise?«, fragte ich sie deshalb nach einigen Monaten.

Meine Familie hatte schon immer das Abenteurer-Gen: Mein Großvater ist nach Kanada ausgewandert und mein Vater von Deutschland nach Sizilien geradelt. 1987 unternahm ich meine erste Expedition – zu den aussterbenden Auca-Indianern in Ecuador. Aber mein Traum war es, ohne Termindruck Länder und Menschen zu erforschen – daher die Dreijahresreise. Auf früheren Trips hatten mich ehemalige Kollegen aus meiner Bundeswehrzeit begleitet, durchtrainierte Einzelkämpfer, die hart im Nehmen waren. Konnte eine Frau das wirklich schaffen?

Tanja glaubte fest daran, aber sie entschied sich, nach der Schule erst eine Ausbildung zur Reiseverkehrskauffrau zu machen. Sobald die beendet war, würde sie nachkommen. »Wenn es dir während der Reise zu anstrengend wird, kannst du ja am Strand auf mich warten«, erklärte ich fürsorglich und ahnte nicht, dass ich Tanjas Ehrgeiz dadurch nur noch mehr anstachelte.

Meine Abreise verschob sich allerdings immer weiter nach hinten – zuerst wegen einer schweren Knie-OP, dann weil es in der Firma so gut lief. Mein Boss machte mir schließlich das ultimative Angebot: Ich sollte Vize-Chef werden, inklusive einer dicken Gehaltserhöhung.

»Das mache ich zwei Jahre lang, lege das Geld klug an, und dann können wir für den Rest unseres Lebens reisen, ohne je wieder zu arbeiten«, fantasierte ich Tanja vor, aber sie war skeptisch: »Wenn du diesen Job annimmst, wirst du vielleicht nie deinen Traum leben. Überleg es dir gut.« Die Verlockung war groß, aber Tanja hatte recht! Sagte ich zu, winkten mir Millionen – aber bei dem Arbeitspensum vielleicht auch ein Herzinfarkt.

Und so verkündete ich meinem Chef 1991 entgegen aller Ratschläge von Freunden und Familie: »Vielen Dank für die tolle Chance. Aber ich lehne nicht nur ab, ich kündige. Tanja und ich werden um die Welt ziehen.« Den Ausdruck in seinen Augen werde ich nie vergessen. In ihnen sah ich keine Wut, sondern maßlosen Neid. »Du weißt gar nicht, wie gerne ich das Gleiche tun würde«, klagte er. »Aber ich habe Frau und Kinder. Ich kann das alles nicht einfach so aufgeben.«

Ich habe noch nie eine Entscheidung getroffen, die besser war als diese. Für Tanja und mich fing in diesem Augenblick das Leben an – oder zumindest das Leben, das wir jetzt führen und das ich gegen kein anderes mehr eintauschen würde. Nach meiner Kündigung nahm sich Tanja Urlaub. Wir machten uns mit unseren achtzig Kilo schweren Rucksäcken von Nürnberg über Italien und Griechenland auf in die Türkei. Während sie nach sechs Wochen zurück nach Deutschland musste, zog ich allein weiter. Ein halbes Jahr später trafen wir uns in Mumbai wieder. Als ich vor dem Flughafen mit meinem Motorrad auf sie wartete, erkannte Tanja mich nicht wieder: Ich hatte mir einen Vollbart wachsen lassen, trug indische Gewänder und eine dicke Sonnenbrille. Ich ging auf sie zu und sie schaute mich verschreckt an. »Ich bin's«, sagte ich.

Tanja machte einen Schritt zurück. »Das glaub ich nicht. Sag mir mal den Namen deiner Mutter!«

Erst nachdem ich diesen Test bestanden hatte, nahm sie mich in die Arme. Danach packten wir ihre Sachen in die Satteltaschen meiner Enfield Bullet, verschenkten den Koffer und düsten los. In anderthalb Jahren fuhren wir 15 000 Kilometer durch Indien. Einmal erkrankte Tanja an der Ruhr und wäre fast gestorben. Tage- und nächtelang hockte ich neben ihr und sorgte dafür, dass sie genug trank und die lebensnotwendigen Elektrolyte zu sich nahm. Egal was kam, auf mich konnte sie sich verlassen!

In den folgenden Jahren besuchten wir ein Steinzeitvolk auf der Adamanen-Inselgruppe, durchquerten die Wüste des Todes in Westchina und ritten als erste Europäer auf einem Elefanten durch Nepal. Immer wieder war ich beeindruckt, wie gut Tanja mit Herausforderungen klarkam, mit denen sie noch nie konfrontiert worden war.

Während der ersten zehn Jahre war unsere Reise hauptsächlich mein Projekt. Tanja kam aus Liebe mit. Aber nach und nach wurde es genauso sehr zu ihrem Baby. Mindestens sechs Monate im Jahr sind wir heute unterwegs. Unsere Expedition haben wir inzwischen »Die Große Reise« getauft: ein dreißig Jahre langes Lebensprojekt, bei dem wir Länder, Kontinente und Völker erkunden. Das wäre die längste dokumentierte Expedition, die es je gegeben hat! Damit das möglich ist, müssen wir immer neue Sponsoren finden, die uns unterstützen.

275 000 Kilometer haben wir zu zweit schon zurückgelegt. Tanja und ich wollen zeigen, wie schützenswert die Erde ist. Darum machen wir Fotos und Filmaufnahmen und führen mithilfe eines Satellitentelefons ein Onlinetagebuch auf www.denis-katzer. com. Ein riesiger Organisationsaufwand, der ohne Tanjas Hilfe absolut unmöglich wäre.

Ab 1999 zogen wir vier Jahre lang mit sieben Kamelen durch Australien, von Süden nach Norden und Westen nach Osten. Siebentausend Kilometer waren das – die längste Kamelexpedition der australischen Geschichte. Auf Tanja und mich warteten Buschfeuer, Wirbelstürme und die schlimmste Trockenzeit, die den Kontinent in hundert Jahren heimgesucht hatte. Wir waren uns oft sicher, dass wir das nicht überstehen würden, aber in Extremsituationen wie diesen lernt man, das Leben mit jedem Atemzug zu genießen.

Anfangs war das ständige Beisammensein schwierig. Tanja und ich mussten uns erst aneinander gewöhnen. Aber mit jedem gemeinsamen Schritt wuchsen wir enger zusammen. Heute besprechen wir alles – in der Einsamkeit bleibt uns ja auch gar nichts anderes übrig.

Während der Australien-Expedition wurde mir bewusst, wie wichtig Tanja für mich ist. Es klingt kitschig, aber diese Erkenntnis kam mir im Schlaf. Ich träumte eines Nachts, dass ich auf ein indisches Schloss geladen wurde. Dort verliebte ich mich in eine wunderschöne Maharani (natürlich Tanja), doch die offenbarte mir freudestrahlend, dass sie den Maharadscha heiraten würde. Im Traum lief mir ein alter Freund über den Weg. »Du Depp«, beschimpfte er mich, weil ich sie kampflos aufgab. In dem Moment zog es mir so schmerzhaft das Herz zusammen, dass ich schreiend aufwachte.

Völlig verschwitzt und mit tränennassen Wangen lag ich neben Tanja in unserem Zelt.

»Was ist denn los?«, fragte sie besorgt.

»Willst du mich heiraten?«, keuchte ich verzweifelt und schaute sie mit weit aufgerissenen Augen an.

Eigentlich war ich ein freiheitsliebender Mensch. Ehe bedeutete Einengung. Aber jetzt verstand ich: Mein Leben an Tanjas Seite – das war ja Freiheit! Mit ihr war alles möglich. Sie ließ meine Ideen wahr werden, und neue zu spinnen machte zu zweit mindestens doppelt so viel Spaß.

Am Frühstückstisch wollte Tanja mir nicht in die Augen schauen. »Du, Denis, wenn du das von letzter Nacht nicht ernst gemeint hast, müssen wir nicht heiraten«, sagte sie.

Kam gar nicht infrage! »Doch. Das ist das Erste, was wir tun, wenn wir wieder nach Hause kommen«, entgegnete ich und machte dieses Versprechen wenige Monate später wahr. Nicht einmal im Traum soll irgendwer auch nur daran denken, mir Tanja wieder wegzunehmen.

UNTER DEN STERNEN
VON BANGALORE

Tania (39), Designerin, London
über
Matthew (38), Finanzdirektor, London

Ich bin Halbschwedin – dank meiner Mutter. Sie war es auch, von der ich schon als Teenager einen wichtigen Rat in Sachen Liebe bekam: »Halte dich an die englischen Männer, die sind echte Gentlemen. Die bringen dir sogar den Tee ans Bett.« Mein Ehemann Matthew ist Brite und ich kann nur sagen: Mama, du hattest recht! Meine erste Tasse PG Tips mit Milch und Zucker trinke ich morgens tatsächlich im Bett, gemütlich in die Kissen gekuschelt.

Nach dem Abitur in Hanau bei Frankfurt studierte ich einige Semester in London. Meinen Traummann fand ich an der Themse aber nicht, genauso wenig wie später an den Unis von Paris oder New York. In Stockholm nahm ich schließlich einen Job als Designerin für H&M an. Wie die Wohnorte wechselten auch die Männer in meinem Leben. Eine lange Beziehung ging ich nie ein, es gab nur hier und da mal ein Techtelmechtel.

Ich hatte eben Hummeln im Po, und die machten sich nach vier Jahren Stockholm deutlich bemerkbar. Ein neues Abenteuer musste her! Ich fing an, mir Gedanken über meine Zukunft zu machen, denn schließlich war ich ungebunden und konnte gehen, wohin ich wollte.

Erst einmal reiste ich allerdings für H&M um die halbe Welt: Zusammen mit meiner Kollegin Ninna flog ich im September

1998 für zwei Wochen nach Indien. Es war eigentlich nicht üblich, dass ich eine Einkäuferin in ein Produktionsland begleitete, aber Ninna und ich verstanden uns so gut, dass sie darauf bestanden hatte, mich mitzunehmen.

Indien begeisterte mich sofort: diese Farben (Currygelb! Lapislazuliblau! Lotusblütenrosa!), die Gerüche, die vielen Menschen… Von einer alten Frau ließ ich mir ein Henna-Tattoo auf die Hand malen. Unser Trip war für mich wie ein märchenhafter Traum, in den ich Hals über Kopf eintauchte.

Ninna und ich trafen uns erst in Mumbai mit den Lieferanten, dann in Bangalore. Dort wohnten einige Schwedinnen, die Ninna schon von ihren vorherigen Besuchen kannte. Eines Abends luden sie uns zu einer Party ein. Wir erwarteten ein Fest mit allen Schikanen und brezelten uns richtig auf, aber als wir bei der vereinbarten Adresse ankamen, entpuppte sich die »Party« leider als fades Sit-in. Ich saß zwischen den anderen am Wohnzimmertisch und langweilte mich zu Tode.

Ein Typ mit meeresblauen Augen und einem tollen Lächeln fiel mir auf. Er war Engländer, das erkannte ich am sexy Akzent. Allerdings hatte er es sich weit weg von mir, auf der anderen Seite des Tisches, in einem großen Sessel bequem gemacht – und das nicht allein: Neben ihm auf der breiten Lehne saß eine hübsche Schwedin und auf seinem Schoß eine andere namens Christine. Der ist eh vergeben, dachte ich und gab mir nicht weiter Mühe, mit ihm ins Gespräch zu kommen.

Lediglich einmal schauten wir uns länger in die Augen, und zwar als das Gespräch aufs Alter kam. Matthew, so hieß der Frauenschwarm, war mit 27 der Jüngste in der Runde – und ich nur sechs Monate älter als er. Prickelnder wurde der Abend durch diesen kurzen Wortwechsel aber nicht. Gequält saß ich die Zeit ab, bis ich endlich mit meinen Kolleginnen nach Hause fahren konnte.

Der nächste Tag startete viel unterhaltsamer: Wir Mädels frühstückten zu viert in einem mondänen Hotel und aalten uns am Pool. Ich hatte keinen Bikini dabei und lag deshalb mit rotem Baumwoll-BH und -höschen auf meiner Liege. Solange ich nicht ins Wasser ging, würde keiner merken, dass ich nur Unterwäsche trug...

Ich träumte vor mich hin, als plötzlich Matthew mit einem Tennisschläger über der Schulter an uns vorbeilief. »Ach, ihr seid *hier*?«, rief er. »Was für ein Zufall!« Später beichtete er mir, dass die Überraschung natürlich nur gespielt gewesen war. Matthew hatte genau gewusst, dass wir an diesem Hotelpool liegen würden, weil er es am Abend zuvor aufgeschnappt hatte.

»Ich bin zum Tennis verabredet. Nach dem Match komme ich zu euch rüber«, verkündete er gut gelaunt und verschwand. Nach einer Stunde war er wirklich wieder da, aber für mich wurde sein Auftritt zum unschönen Déjà-vu: Ich lag links außen – und wo setzte sich Matthew hin? Ganz nach rechts, weit weg von mir, gleich neben Christine. Stunden vergingen, in denen er anscheinend nur Augen für sie hatte. Ich verbrutzelte derweil so furchtbar, dass sich eine schlimme Brandblase auf meiner Nase bildete. Ich hatte keine Sonnencreme und konnte mich mit meinem Unten-drunter-Ensemble auch nicht im Pool abkühlen.

Gegen Nachmittag entschieden wir uns, einen Abstecher zum Basar zu machen. Während die anderen Mädels in den Umkleidekabinen verschwanden, um ihre nassen Badesachen loszuwerden, blieben Matthew und ich am Pool zurück.

»Bist du zum ersten Mal hier in Indien? Was wollt ihr euch ansehen?« Wir machten netten, unverfänglichen Smalltalk.

»Tania, das Taxi ist da«, krähte eine Kollegin wenige Minuten später. Matthew und ich schlenderten langsam zur Hotelhalle, blieben dort noch stehen und redeten weiter.

»Tania, das Taxi!«

Erst in allerletzter Sekunde stellte Matthew die alles entscheidende Frage: »Hör mal, hast du vielleicht Lust, heute Abend mit mir essen zu gehen?«

Ich blieb ganz lässig. »Also weißt du, ich bin auf einer Geschäftsreise. Ich muss erst mal schauen, ob wir nicht einen anderen wichtigen Termin haben. Gib mir deine Nummer und ich melde mich dann.«

Ich krabbelte als Letzte auf die Taxi-Rückbank, Christine hatte vorne neben dem Fahrer Platz genommen. »Stellt euch vor, was gerade passiert ist. Dieser Matthew hat mich doch wirklich auf ein Date eingeladen!«, plauderte ich aus. Diese Info muss Christine die Lust auf unsere Shoppingtour verhagelt haben, denn sie wurde ganz leise und murmelte irgendwann: »Ich habe solche Kopfschmerzen, ich kann nicht mit zum Basar. Setzt mich doch bitte zu Hause ab.« Seitdem habe ich nie wieder etwas von ihr gehört. Matthew betont ja immer, er habe gar nicht gewusst, dass sie in ihn verschossen war. Männer...

Mit Ninna beriet ich, ob ich Matthews Einladung annehmen sollte oder nicht. »Klar machst du das«, sagte sie. »Er könnte ja schließlich der Mann deines Lebens sein!«

Ich rief Matthew an und sagte ihm, dass er mich um zwanzig Uhr bei einer Kollegin abholen solle. Während ich dort auf ihn wartete, setzte sintflutartiger Regen ein. Unglaubliche Sturzbäche ergossen sich über Bangalore. Matthew verspätete sich. Zehn Minuten, zwanzig Minuten, vierzig Minuten... Ich rechnete schon nicht mehr mit ihm, als er mit einer Stunde Verspätung doch noch pitschnass vor der Tür stand. »Es tut mir leid«, sagte er völlig fertig. »Ich konnte die Adresse nicht finden.«

In Indien hat man üblicherweise einen Fahrer, aber Matthew wollte unabhängig sein und kutschierte mich darum persönlich in seinem Kombi durch das Verkehrschaos und den Regen zu einem romantischen Restaurant. Was wir aßen, weiß ich nicht mehr, aber es war das intimste erste Date, das ich je hatte. Mit Matthew sprach ich über ganz persönliche Dinge – Beziehungen, Ängste und darüber, dass ich mir später mal viele Kinder wünschte. Matthew sah das genauso, weil er aus einer großen Familie stammte. Wir redeten die ganze Nacht und er setzte mich erst frühmorgens am Hotel ab.

Abends trafen wir uns gleich wieder – diesmal in seinem Haus, das die Bank gemietet hatte, für die er damals arbeitete. Das Gebäude lag an einem Hang mitten im Grünen.

Wir saßen auf dem Dach, der Mond schien und das Lichtermeer von Bangalore lag uns zu Füßen. Es waren unvergessliche Stunden – natürlich auch deshalb, weil wir uns dort oben zum ersten Mal küssten.

»Hast du nicht ein Foto von dir, das ich hier behalten kann?«, fragte mich Matthew beim Abschied an diesem Abend.

»Du lernst so viele Frauen kennen. Ich möchte nicht eine von vielen sein, die du an deine Pinnwand heftest«, konterte ich.

Am nächsten Tag flogen Ninna und ich nach Hause, aber Matthew wollte mich vorher unbedingt noch einmal sehen. Auf den letzten Drücker stürmte er in die Hotellobby, umarmte mich und schenkte mir einen Bildband über Indien. »Damit du die Zeit hier nicht vergisst.« Küssen konnten wir uns nicht, denn ich hatte Ninna nicht verraten, dass Matthew und ich uns schon so nahe gekommen waren.

Auf dem Rückflug hörte ich immer wieder dieselbe Kassette von Tom Waits, besonders diesen einen Song: *Little Trip to Heaven on the Wings of Your Love*. So betitelte ich auch meine erste E-Mail an Matthew. Ich war total verknallt und hatte keine Angst, ihm das auch zu sagen: »Ich hoffe, es geht dir gut und du hast angefangen zu verarbeiten, was da letzte Woche zwischen uns passiert ist. Ich bin immer noch total high.« Die Nachricht beendete ich mit: »I miss you. LOVE – Tania.«

Er schrieb schnell zurück, aber in seinen Zeilen fanden sich keine Liebesschwüre. Matthew berichtete von Trinkgelagen, Reitausflügen und einer geplanten Reise nach Goa. Er schloss mit einem deutlich kühleren »Take care, Matthew«.

Nach dieser Nachricht zischte ich so schnell auf den Boden der Tatsachen zurück wie ein Luftballon, an den man einen Betonklotz gebunden hatte. Fühlte er etwa nicht das Gleiche wie ich? Statt still vor mich hin zu grübeln, schickte ich ihm noch eine Mail: »Danke, dass du so zügig geantwortet hast. Aber dein neutraler Ton hat die Blase, in der ich mich befand, mit einem Mal platzen lassen. Bis gestern lag ich noch auf dieser abenteuerlichen Wolke, die aber wohl nur meiner Fantasie entsprungen war. Jetzt bin ich wieder in der Realität angelangt. Love, Tania.«

Nur zwei Stunden später meldete er sich – immer noch etwas steif – zurück: »Meine liebe Tania, da ist wohl eine Entschuldigung meinerseits angebracht. Denke immer daran, dass ich a) ein Engländer bin, b) ein Physikstudent war und jetzt in einer Bank arbeite und ich c) zur männlichen Spezies gehöre. Daher fällt es mir sowieso sehr schwer, mich auszudrücken. So eloquent wie du bin ich leider nicht.

Ich hatte eine wundervolle Zeit mit dir. Ich mag dich sehr und halte dich für eine der interessantesten, schönsten und verführerischsten Frauen, die ich je getroffen habe. Aber zwanzig gemeinsame Stunden sind nicht annähernd genug, um sich kennenzulernen. Ich hoffe, wir sehen uns bald wieder.«

Das war zwar ein gewaltiges Gefühlsgeständnis (für einen Mann) – aber mir reichte es noch nicht. Und auch in den nächsten Monaten gelang es mir nicht, ihm euphorischere Liebesbotschaften zu entlocken. Erschwerend kam hinzu, dass ich ständig beruflich unterwegs war. Da ich noch keinen Laptop besaß, musste ich in Hongkong oder Manchester erst mal ein Internetcafé finden, wenn ich Matthew mailen wollte. Das schaffte ich aber nur hin und wieder. Nach einigen Wochen Internetabstinenz (ja, so etwas gab es damals noch) entdeckte ich eine mürrische Nachricht von ihm in meinem Account: »Jetzt habe ich so lange nichts von dir gehört. Ich wünsche dir ein schönes Leben.«

Es war aber auch nicht einfach mit diesem Mann!

Ich wusste, dass Matthews Zweijahresvertrag in Indien im Februar 1999 auslief und er danach wieder nach London ziehen würde. Ich *musste* ihn einfach wiedersehen! Im März hatte ich einen Termin in Las Vegas und wollte auf dem Rückweg einen Zwischenstopp bei ihm einlegen. Aber in den USA bekam ich hohes Fieber und flog daher nonstop nach Stockholm zurück. Matthew hielt das natürlich für eine schnöde Ausrede und ein weiteres Zeichen meines Desinteresses.

Dabei fühlte ich doch genau das Gegenteil! Ich überredete ihn zu einem neuen Versuch und lud ihn vier Monate später zu mir nach Schweden ein. Als ich ihn vom Flughafen abholte, war plötzlich wieder alles wie in Indien. Mein Herz trommelte wie verrückt, wir hätten uns am liebsten gar nicht mehr losgelassen. Nach diesem Wochenende war klar: Wir bleiben zusammen!

Von da an trafen wir uns regelmäßig auf meinen Geschäftsreisen, mal in Amsterdam, dann in Paris. Dort überraschte Matthew mich vor dem Abendessen mit einem sogenannten russischen Hochzeitsring. Der bestand aus drei ineinander verschlungenen Ringen aus Silber, Gold und Rotgold. Dazu erhielt ich zwar kein Ehe-, aber ein sehr gefühlvolles Liebesversprechen.

Obwohl ich frisch verknallt war, schickte ich Bewerbungen raus – nach New York und Los Angeles. Ich wollte noch immer weg aus Stockholm und hatte schon lange davon geträumt, in den Staaten zu leben. Prompt wurde ich zu einigen Vorstellungsgesprächen eingeladen. Matthew und ich machten gleich unseren ersten längeren Urlaub daraus, fuhren ins Death Valley und zum Grand Canyon. Die Meetings mit den potentiellen Arbeitgebern verliefen gut – so gut, dass Matthew Angst bekam, mich zu verlieren.

»Könntest du dir nicht auch vorstellen, nach London zu kommen und mit mir zusammenzuziehen?«, fragte er eines Abends und schaute mich flehentlich an.

Zu diesem Zeitpunkt hatte ich längst erkannt, dass Matthew der perfekte Mann für mich war. Für ihn gab ich meinen anderen Traum auf: Ich sagte den Amerikanern ab und bewarb mich in London.

Am 8. Januar 2000 zog ich mit Matthew in ein Apartment in Islington, das er für uns ausgesucht hatte. Genau ein Jahr später kam unser erster Sohn auf die Welt: Max, der heute acht Jahre alt ist. Ihm folgten Bruno, sechs, Ella, zwei, und Otto, eins.

Ja, wir sind inzwischen zu sechst, das Au-pair nicht mitgezählt. Bei uns zu Hause ist es ganz schön chaotisch. Es gibt so viel zu organisieren: Ich bringe die Älteren zur Schule, fahre sie nachmittags zum Gitarren-, Klavier-, Trompeten- oder Schlagzeugunterricht, manage nebenbei den Haushalt und *ella & otto*, mein eigenes Label für Babysachen, das ich vor einem Jahr gegründet habe.

Ohne Matthews Hilfe wäre das alles überhaupt nicht möglich. Er packt an, wo er kann, und es ist schön, zu beobachten, wie sehr er seine Kinder liebt. Einmal pro Woche gönnen wir uns einen Abend zu zweit, gehen ins Kino oder in den Pub. Trotz Alltagsstress darf man seine Liebe nie vernachlässigen. Nächstes Jahr feiern wir schon unseren achten Hochzeitstag. Und ich liebe Matthew heute noch genauso sehr wie damals, bei Vollmond auf dem Dach in Indien.

Um uns immer an diese besondere Nacht zu erinnern, hat uns meine Schwester zur Hochzeit einen echten Stern geschenkt. Das eingerahmte Zertifikat hängt im Treppenaufgang, gleich vor dem Schlafzimmer. Darauf prangt groß der Name, den sie ihm gegeben hat: Love-under-the-stars-of-Bangalore.

KRANKE LIEBE

Lorenz (34), Produktmanager, München
über
Beatrix (35), Eventmanagerin, München

Als mich meine heutige Schwiegermutter vor neun Jahren zum ersten Mal sah, hätte sie mich am liebsten gekillt. Der Tatort: ein Krankenhaus in Nürnberg. Mit tabascorotem Gesicht stand sie vor meinem Bett und donnerte auf Bairisch: »Des is also der Saubua, der meine Tochter fast umbroacht hat!«

Sie hatte ja recht, aber es war doch keine Absicht gewesen! Schuld an allem war eine verhängnisvolle Nacht, die zehn Tage zurücklag. Ich studierte damals BWL und hauste mit meinem Kumpel Matthias in einer fürchterlichen Höhle voller Müll und Pizzakartons. Wir bestellten so oft beim Italiener, dass uns der Chef zu Weihnachten persönlich Pralinen vorbeibrachte.

Matthias und ich waren echte Berufs-Singles und hatten ständig Mädels am Start. Unser Wohnzimmer funktionierten wir zu einem Club um – mit DJ-Pult und riesiger Discokugel. Der Teppich war so versifft, dass nackte Füße darauf schwarz wurden. Wir hatten immer Bock auf Party – nur an diesem Abend nicht. Matthias lag im Bett, ich gammelte mit einer Tüte Chips vor dem Fernseher herum. Dabei blickte ich immer wieder schuldbewusst zu den beiden Papierschnipseln hinüber, die neben meinen Füßen auf dem Couchtisch lagen. Es waren Eintrittskarten für eine der heißesten Examensparty der Stadt: ein kollektives Massenbesäufnis mit offener Bar. Konnten wir uns das wirklich entgehen lassen?

Auf keinen Fall! Ich rüttelte Matthias wach. »Komm, Alter. Wir müssen los!«

Drei Stunden, vier Kurze und fünf Bier später tanzte ich eng umschlungen mit einer Blondine zu *Time of My Life*. Ich kannte Beatrix nur flüchtig, konnte mich dunkel daran erinnern, dass sie mal einen Freund von mir gedatet hatte. Sie war ziemlich hübsch, aber auf dieser Party hatte ich keine weiteren Pläne. Nach unserer *Dirty Dancing*-Einlage machte ich mich vom Acker und auf die Suche nach meinem Kumpel, den das Getümmel vor Stunden verschluckt hatte. Doch wohin ich auch schaute: kein Matthias.

Um fünf Uhr lud ich ein paar Leute zur Afterhour in unsere Wohnung ein. Also ab zur Garderobe und rein ins Taxi! Doch vor dem Ausgang stand eine aufgelöste Beatrix.

»Meine Tasche ist geklaut worden«, schluchzte sie so theatralisch, wie man es nur tut, wenn man sehr verzweifelt und sehr betrunken ist. »Mein Geld, mein Schlüssel – alles weg! Ich kann noch nicht mal nach Hause. Meine Mitbewohnerin ist auch noch unterwegs.«

In dem Moment erwachte mein Superhelden-Gen: »Komm mit zu mir, wir regeln das schon«, bot ich ihr gönnerhaft und nicht ganz uneigennützig an. Schließlich war Beatrix sehr attraktiv. Vielleicht könnte ja doch noch was gehen…

Als wir die Wohnungstür öffneten, drehte sich die Discokugel und aus den Boxen sickerte Schmuse-Hiphop. Matthias lag im Schlafsack auf dem Boden neben einem Mädel, das er bei der Examensparty aufgerissen hatte. Er war ein echter Profi, der sich in den folgenden Stunden auch nicht von den um seinen Kopf herumtanzenden Beinen stören ließ.

Beatrix hing indes am Telefon und versuchte, EC- und Kreditkarten sperren zu lassen. Als ihr langsam die Augen zufielen, bot ich mein Bett an. Dankbar döste sie innerhalb weniger Sekunden weg. Ich schlief angezogen daneben. Gelaufen ist rein gar nichts mehr.

Im Gegensatz zum nächsten Morgen: Nach Kaffee, Brötchen und einem ersten Gespräch unter vier Augen knutschten wir noch ein bisschen rum. Ich gab ihr meine Handynummer und sie flötete zum Abschied: »Wir telefonieren dann mal…« Sicher!

Natürlich meldete sie sich nicht, aber das war mir auch egal, denn ich hatte ein ganz anderes Problem: Etwa eine Woche nach der Party wurde ich richtig krank. Ich hatte extreme Nackenschmerzen und musste mich immer wieder übergeben.

»Formel-1-Gucken schaffe ich heute nicht«, röchelte ich ins Telefon, als mich mein Kumpel Philip anrief. »Ich hab eine Grippe oder Magen-Darm oder beides.« Dabei muss ich so beschissen geklungen haben, dass er kurz darauf mit Cola, Salzstangen und Aspirin vor der Wohnung stand. Gott sei Dank mit einem eigenen Schlüssel, denn zur Tür hätte ich es nicht mehr allein geschafft. Philip fand mich halb bewusstlos auf dem Bett und rief sofort den Notarzt. Als ich dessen Fragen (»Wie heißt Ihr Bruder? Wie lautet Ihre Telefonnummer?«) nicht mehr beantworten konnte, kam ich sofort auf die Intensivstation. Diagnose: Gehirnhautentzündung! Lebensgefahr! Ein Neurologe sagte mir später: »Sie hatten einen Schutzengel. Bei der Menge an Bakterien, die in Ihrer Gehirnflüssigkeit geschwommen ist, dürften Sie eigentlich nicht mehr hier sitzen.« Man verabreichte mir jede Menge Penicillin und zum Glück schlug es an. Philip hatte mir das Leben gerettet!

Doch wie Leben fühlte sich die erste Zeit im Krankenhaus nicht wirklich an. Ich war völlig weggetreten. Alle dreißig Minuten strahlte mir die Krankenschwester mit einer kleinen Taschenlampe ins Auge, um meine Reflexe zu testen. Während ich unansprechbar im Dämmerzustand dahinvegetierte, bekam mein Mitbewohner einen eher unangenehmen Auftrag: Eine Gehirnhautentzündung ist hochgradig ansteckend, deshalb sollte er eine Liste der Leute erstellen, mit denen ich zuletzt Kontakt hatte. Da ich einige Tage zuvor bei einer Party als Türsteher eingesprungen war, fiel die extrem lang aus. Das Gesundheitsamt schlug Alarm und verordnete vorsichtshalber dem gesamten Uni-Jahrgang eine Penicillinkur – eine Prozedur, die mir zu zweifelhaftem Ruhm verhalf.

Nur die Kandidatin mit dem höchsten Ansteckungsrisiko war unauffindbar: Kuss-Beatrix! Matthias konnte ihre Telefonnummer einfach nicht auftreiben, und so blieb die Arme ahnungslos. Zur Freude der Ärzte tauchte sie wenig später von selbst im Krankenhaus auf – mit ähnlichen Symptomen wie ich. »Ah, Sie sind diejenige«, jubelte die Empfangsschwester. »Wir haben schon auf Sie gewartet!« Beatrix hatte mit einem Freund gesprochen, der über meine Krankheit Bescheid wusste. Er hatte eins (Knutschen) und eins (Gliederschmerzen) zusammengezählt und Beatrix geraten: »Meld dich mal lieber im Krankenhaus.«

Das war auch gut so, denn Beatrix hatte sich natürlich bei mir infiziert! Die Erkrankung war bei ihr zwar noch in einem frühen Stadium, aber auch sie bekam Penicillin und wurde unter Quarantäne gestellt – auf derselben Station wie ich.

Am Anfang war sie stinksauer auf mich. Da hatte sie nichtsahnend mit einem Typen rumgeknutscht und dann so was… Erst nach und nach verzieh sie mir – aber wohl auch nur, weil wir ja tagelang zusammen gefangen waren. Die Ärzte erlaubten kaum Besuch und ich war froh, dass Beatrix mir Gesellschaft leistete. Wir unterhielten uns, sie las mir vor oder wir verfolgten gebannt, wie sich Zlatko, Jürgen und Sabrina in der ersten *Big Brother*-Staffel zum Affen machten.

Leider entdeckten wir, dass der Flurfunk im Krankenhaus genauso gut funktionierte wie in jedem Büro: Inzwischen wusste die gesamte Belegschaft von unserem folgenschweren Kennenlernen – und alle hofften auf ein Happy End.

»Na, was ist denn jetzt mit euch beiden?«, fragte der Herr Doktor unverblümt bei der Visite – obwohl Beatrix danebensaß. So viel zum Thema ärztliche Schweigepflicht!

Meine Flirterfolge fanden im Minusbereich statt: Während bei mir das Interesse wuchs, war bei Beatrix der Ofen aus – erst recht seit dem legendären »Saubua!«-Wutausbruch ihrer Mutter an meinem Bett. Ich legte ihr einen romantischen Elfmeter nach dem anderen vor, aber sie lief geschickt an allen Bällen vorbei. Auch die Unterstützung der Nachtschwester half nicht: »Ich gehe jetzt und komme nicht mehr rein, es sei denn, ihr klingelt«, betonte sie augenzwinkernd an unserem letzten gemeinsamen Abend im Krankenhaus. »Die Frühschwester weiß auch Bescheid. Sie stört euch ganz sicher nicht.«

Aber wie an jedem Abend schlief Beatrix in ihrem eigenen Bett – und durfte am nächsten Tag auschecken. Ich dagegen zog wieder ins Hotel Mama in Pforzheim. Vier Studentenjahre lang war ich der König der Nacht gewesen und so energiegeladen wie der irre Duracell-Hase aus der Werbung. Jetzt machten mich Aufstehen, Autofahrt und Massage so fertig wie ein ganzer Marathon. Mein Selbstwertgefühl hätte zu dieser Zeit in eine Streichholzschachtel gepasst. Gut, dass Beatrix ab und zu anrief, um mir Mut zu machen.

Sechs Wochen nach unserem ersten Kuss stand sie plötzlich persönlich vor der Tür meiner Eltern. Sie war die 240 Kilometer unter dem fadenscheinigen Vorwand gefahren, mir ordentliche Schuhe bringen zu wollen. »Du hast doch nur die Schlappen aus dem Krankenhaus,« erklärte sie, aber in ihren Augen konnte ich lesen, dass ich an diesem Tag mehr bekommen würde als nur die abgelatschten Sneakers: nämlich die Frau meines Lebens. Ihre Umarmung vor der Haustür bedeutete die Welt für mich – auch heute noch. Beatrix und ich, wir verstehen uns blind. Sie ist mein Lieblingsmensch, viel wertvoller als die zig Dates aus meiner Solo-Vergangenheit. Mit ihr erlebe ich ständig neue Abenteuer.

So wie der Heiratsantrag vor zwei Jahren. Mann, war ich aufgeregt! Es sollte in Rom passieren, an einem perfekten Tag in einem wunderschönen Park. Doch es ging damit los, dass wir in die falsche Bahn stiegen und, als wir ankamen, feststellen mussten, dass der Park wegen Baumfällarbeiten geschlossen war.

Da griff Plan B: Ich führte Beatrix zum Kolosseum, weil ich ihr dort, auf einer malerischen Wiese, endlich die große Frage stellen wollte. Aber statt beschaulicher Ruhe gab es eine Polizeiparade mit Pauken, Trompeten und grölenden Italienern. »Das ist wohl der Tag der falschen Entscheidungen«, witzelte meine Zukünftige unwissend.

Nächster Versuch: Für den Abend reservierte ich einen Tisch bei einem teuren In-Italiener. Bei Pasta, Champagner und Kerzenlicht würde ich den Ring auf den Tisch legen – so Plan C. Doch auch der wurde vereitelt: Der vermeintliche Edel-Laden entpuppte sich als ungemütlicher Neonröhren-Bunker. Vor lauter Nervosität bekam ich keinen Bissen runter. Mein Hals war trotz Rotwein ganz trocken. Es musste doch irgendwie klappen!

Letzter Ausweg war das Pantheon an der Piazza della Rotonda. Um kurz vor zwölf hockten wir uns auf die Stufen vor dem jahrhundertealten Tempel. Beatrix war bestens gelaunt. Sie redete und redete – ich konnte nicht mehr.

»Willst du mich heiraten?«, platzte ich mit Herzklopfen und Schweiß auf der Stirn in ihre Erzählungen hinein. Ihr schossen sofort Tränen in die Augen – und mir gleich mit. Wir heulten zusammen, Arm in Arm. »Klar«, schluchzte sie.

Unser nächstes Abenteuer ist auch schon unterwegs. Arbeitstitel: Friedolin. In fünf Monaten ist es so weit. Bis dahin habe ich bestimmt das Buch durch, das auf meinem Nachttisch liegt: *1000 Fragen an die Hebamme*.

Und wenn nicht? Egal. Beatrix und ich können zusammen alles schaukeln. Auch ein Baby.

EIN GUTES BAUMGEFÜHL

Yvonne (44), Speditionskauffrau, Nettetal
über
Uwe (49), Bundeswehr-Mitarbeiter, Wilhelmshaven

Freunde können einen verkuppeln. Nachbarn, Eltern oder Kollegen tun es auch gerne. Mich aber hat ein Baum an den Mann gebracht: eine über fünfhundert Jahre alte Eiche, die in Schleswig-Holstein bei Eutin verwurzelt ist.

Bräutigamseiche wird der knorrige Riese genannt. Ich hörte zum ersten Mal von ihm, als ich vor zwei Jahren im Sauerland eine Kur machte. Mein Vater war gerade gestorben, meine Ehe in die Brüche gegangen. Psychisch und körperlich war ich ein Wrack – und sieben Wochen lang weit weg von zu Hause. Aber dort wartete ja sowieso niemand mehr auf mich…

Während die anderen Patienten Briefe und Anrufe von ihren Liebsten erhielten, saß ich allein da. Es gab niemanden, der mich vermisste und niemanden, den ich hätte vermissen können. Einsamkeit ist hässlich und tut höllisch weh. Ich fühlte mich leer, leer, leer, meine Tage waren geprägt von Hoffnungslosigkeit, Angst und Depressionen.

Trost fand ich nur in den Gesprächen mit Roswitha, die sich ebenfalls in der Klinik erholte. Sie stammte aus dem Norden Deutschlands und berichtete mir zur Aufheiterung von einem besonderen Baum, der nicht weit von ihrem Heimatort Malente entfernt steht.

»Er heißt Bräutigamseiche, weil sich dort vor mehr als hundert Jahren ein Liebespaar traf«, erzählte sie. »Der Vater des Mädchens war gegen die Beziehung, und so versteckten die beiden heimlich Briefe in einem Astloch der Eiche. Nachdem sie den Vater von ihren Gefühlen überzeugt hatten, heirateten sie im Schatten des Baumes.« Der Clou aber sei, dass die Eiche inzwischen als eine Art Partnerbörse fungiere: »Singles aus aller Welt schicken Briefe an die Eiche, in der Hoffnung, dass der oder die Richtige sie herausfischt.« Der legendäre Baum hat sogar eine eigene Adresse: Bräutigamseiche, Dodauer Forst, 23701 Eutin.

»Über hundert Ehen hat die Eiche schon gestiftet«, berichtete Roswitha begeistert. Ich mochte ihre Geschichte, aber für mich kam diese Partnerbörse nicht infrage. Schließlich hatte ich meinen Exmann durch eine Zeitungsanzeige kennengelernt, und das mit dem Baum war nichts anderes. Nein, so war es schon einmal schiefgegangen. Ich wollte nur noch Beziehungen auf natürlichem Wege: sich anschauen und verlieben.

Zwei Monate später war ich zurück in Nettetal. Ich hatte wieder Spaß am Leben, traf mich mit Freunden, machte Kurse an der Volkshochschule. Eigentlich ging es mir gut, denn ich wusste, ich war stark – aber ich war noch immer allein. Ich wollte nicht einsam alt werden, hämmerte es irgendwo in meinem Kopf. Wo war der Eine, der wirklich zu mir passte? Es *musste* ihn doch geben!

Einige Tage später bekam ich Post aus Malente. Roswitha hatte mir einen Brief geschrieben und in den Umschlag eine Postkarte aus der Bräutigamseiche gesteckt. »Vielleicht ist der ja was für dich«, schrieb sie. Ich überflog die Zeilen, die ein Mann mit Kugelschreiber auf der Karte notiert hatte. Das war ja eine Frechheit: Neben seinem Namen hat er auch gleich festgehalten, was für eine Partnerin er sich wünschte – inklusive Größe, Haarfarbe und Gewichtsangabe. Auf mich trafen seine Wünsche nicht zu, aber da ich mir dachte, dass er auf eine Antwort wartete, sollte er sie von mir bekommen. Ich schrieb ihm, dass er es doch mit einer anderen Wortwahl versuchen solle und wünschte ihm viel Erfolg.

So hatte ich mir die Post an die Bräutigamseiche nun wirklich nicht vorgestellt! Ich hatte den Baum schon auf Fotos gesehen, er steckte voller Romantik und Sehnsucht. Da konnte man doch nicht einfach drauflosschreiben. An so eine Sache musste man gefühlvoller rangehen!

Sieben Monate später, im Juli 2008, zog ich die Hilfe der Eiche ernsthaft in Erwägung. Das mit der Sehen-und-Verlieben-Taktik hatte bis jetzt noch nicht geklappt. Vielleicht sollte ich doch mein Glück versuchen ... Ich verfasste meine Botschaft an die Bräutigamseiche, beschrieb mein Innerstes, wie ich mich fühlte, was ich mochte, was mich als Mensch ausmachte. Ab in den Briefkasten damit – und toi, toi, toi.

Einige Tage später saß ich mit meiner Mutter in einem Café und plante unseren Urlaub auf einem Reiterhof im ostfriesischen Emden. In gut einer Woche sollte es losgehen. Die salzige Meeresluft, die Weite des Watts – ich liebe den Norden, solange ich denken kann. Laut piepsend vermeldete mein Handy eine neue SMS. Auf dem Display erschien eine Nummer, die ich nicht kannte.

»Hallo Yvonne! Ich war heute mal wieder an der Bräutigamseiche und haben deinen Brief gelesen! Nun sitze ich allein in meinem Vorzelt und habe mir gedacht, du hast so nett geschrieben, da antworte ich drauf. Ich bin 48, 173 cm groß und haben braune Augen sowie braunes kurzes Haar. Mein Name lautet Uwe.«

Wow! Meine Hände zitterten, vor lauter Nervosität ließ ich fast das Handy fallen. Mein Herz schlug mir bis zum Hals. Kurz darauf schickte ich Uwe eine SMS zurück. Wir schrieben hin und her und vereinbarten schließlich, am Wochenende zu telefonieren.

Als am Samstagabend das Telefon klingelte, war ich total aufgeregt, aber das legte sich schnell, denn Uwes Stimme und seine Art zu erzählen gefielen mir. Er machte gerade Campingurlaub in Malente und wohnte ansonsten in Wilhelmshaven, an meiner geliebten Nordseeküste. Jeden Abend telefonierten wir und planten unser erstes Date. Da ich bei ihm in der Nähe Urlaub machen würde, wollten wir uns in Aurich treffen, auf halber Strecke zwischen Emden und Wilhelmshaven. Die Chemie zwischen uns stimmte, aber ich wollte meine Hoffnung nicht zu schnell wachsen lassen.

Vier Stunden brauchten meine Mutter und ich mit dem Auto nach Emden. Am liebsten hätte ich Uwe sofort getroffen! Ich rief ihn an und wir einigten uns auf den nächsten Tag, elf Uhr, auf einem Parkplatz in Aurich.

Am Frühstückstisch bekam ich kaum etwas runter. Während der Fahrt überlegte ich, wie er wohl aussah, aber eigentlich war mir das egal. Wir hatten so tolle lange Gespräche geführt und dabei viele Gemeinsamkeiten entdeckt. Aber sah Uwe das genauso? Am Telefon hatte er gesagt, mein Aussehen würde für ihn keine Rolle spielen, aber würde er sich wirklich nicht an den Kilos stören, die ich zu viel auf die Waage brachte? Ach Quatsch, da musste er durch. Entweder wollte er mich so, wie ich war, oder gar nicht!

Ich bekam ein bisschen Angst vor mir selbst, denn ich merkte, dass ich schon in Uwe verliebt war, obwohl wir uns noch nie gesehen hatten. Wieso stürzte ich mich bloß so schnell in diese neue Liebe hinein? Ich hatte mich nach meiner Scheidung doch gerade so gut erholt! Noch mal in ein tiefes Gefühlsloch zu fallen, würde ich nicht aushalten. Uwe und ich hatten offen über unsere Empfindungen gesprochen, auch er fühlte sich zu mir hingezogen. Aber ging das nicht alles zu schnell?

Da war der Parkplatz! Leer. Ich wartete, war ganz hibbelig. »Wo bist du?«, schrieb ich ihm. »Hoffe, den richtigen Platz erwischt zu haben.«

Da, endlich rollte ein Wagen mit Wilhelmshavener Kennzeichen an. Er stieg aus …

Er gefiel mir!

Als Uwe mich entdeckte, strahlte er gleich. Wir begrüßten uns mit einer Umarmung, die Anspannung verpuffte. Bei einem Kaffee plauderten wir über dies und das, als würden wir uns schon ewig kennen. Ich genoss seine Gesellschaft. Wir besichtigten ein Freilichtmuseum und Uwe zeigte mir, wie man auf ostfriesische Art Tee trinkt. Zum Schluss saßen wir nebeneinander auf dem Deich. Ich spürte den Wind, das Gras, Uwe. Als wir aufstanden, nahm er meine Hand und ließ sie nicht mehr los.

Viel zu schnell waren die Stunden vergangen. Wir standen an meinem Auto, es war Zeit für mich zu fahren. Wir hielten uns an den Händen, sahen uns in die Augen und küssten uns zum ersten Mal. Mein Herz tanzte, als würde es von den Wogen des Meeres getragen.

»Was wird denn jetzt aus uns?«, fragte ich.

»Ich will mit dir zusammen sein.«

»Ich auch mit dir.«

Am nächsten Tag trafen wir uns in Jever. Beim Abendessen im Bistro Neue 17 lernte Uwe meine Mutter kennen. Die beiden verstanden sich auf Anhieb, was mich sehr erleichterte.

Seit diesem Tag pendeln Uwe und ich jedes Wochenende: Einmal kommt er zu mir an den Niederrhein, dann besuche ich ihn an der Küste. Am Anfang hatte ich Zweifel, ob wir es wirklich schaffen würden, aber wir sind jetzt seit 15 Monaten zusammen und noch immer so verliebt wie zwei Teenager.

Durch Uwe habe ich mich sehr verändert. Er hat mich selbstbewusster gemacht, ermutigt mich, Dinge auszuprobieren, die ich mir nie zugetraut hätte. Das fängt schon bei der Fahrt nach Wilhelmshaven an. Autobahnen waren für mich immer der reinste Horror, aber jetzt, wo ich weiß, dass Uwe vor der Haustür auf mich warten wird, ist die Vier-Stunden-Tour ein Klacks. Er hat mir auch gezeigt, wie ich im Notfall einen Reifen wechsle. Mithilfe seiner Tipps habe ich meinen Wintergarten ganz allein renoviert. Kein Mann hat mir je so viel Bestätigung und Rückhalt gegeben wie er.

Uwe würde alles für mich tun. Als er einmal bei mir zu Besuch war, musste meine Mutter während einer Reise an den Bodensee ganz plötzlich ins Krankenhaus. Nachdem ich am Telefon davon erfahren hatte, sagte er sofort: »Zieh dich an, wir fahren los.« Wir fuhren noch am selben Tag hin und zurück, und das, obwohl er Rückenprobleme hat.

Uwe ist meine große Liebe – ohne Wenn und Aber. Eine Zukunft ohne ihn kann ich mir nicht mehr vorstellen. Am liebsten würde ich zu ihm nach Wilhelmshaven ziehen. Dann könnten wir endlich auch montags, dienstags oder mittwochs zusammen in seinem großen Obstgarten sitzen.

Die Sonntage sind das Schlimmste an unserer Fernbeziehung. Wenn wir uns verabschieden müssen, fange ich regelmäßig an zu heulen. »Wir sehen uns doch wieder«, beruhigt mich Uwe dann. Und ich weiß, dass das nicht nur so dahergesagt ist. Ich vertraue ihm, und das zweihundertprozentig.

Im letzten Sommer haben wir zusammen Wohnwagen-Urlaub in Malente gemacht. Natürlich waren wir auch an der Bräutigamseiche. Ich war überrascht, wie viel Wärme dieser Baum ausstrahlt. Er ist groß und stark – genau wie unsere Liebe.

Danke, schöne Bräutigamseiche, dass du uns zusammengeführt hast!

Die 6. Geschichte von der großen Liebe

ROBIN HOOD UND PRINCESS DANI

Daniela (36), Sozialpädagogin, New York
über
Jörn (35), Investment-Banker, New York

Unsere Liebe ist Schicksal. Eine andere Erklärung gibt es nicht für das, was wir erlebt haben. 18 Jahre Funkstille und ein ganzer Ozean lagen zwischen Jörn und mir. Nur das Schicksal kann diese Distanz so einfach wegwischen wie die Bierränder auf dem Kölner Kneipenstehtisch, an dem ein längst vergessener Schulfreund zu meiner Zukunft wurde.

Als ich Jörn zum ersten Mal sah, hielt er eine Schultüte in der Hand und war sechs Jahre alt. Damals ahnte ich natürlich nicht im Geringsten, dass er der Mann meines Lebens werden würde! Es gibt ein Klassenfoto von 1984, auf dem er (mit Topfhaarschnitt) zu mir (in einer ziemlich coolen knappen Nylonsporthose) hinüberschielt. Ich winke in die Kamera und merke nichts. Wir Mädchen hatten damals ja auch weiß Gott Wichtigeres im Kopf als die regenwurmessenden Jungs aus Köln-Rath: Gummitwist, Michael Jackson, Hanni und Nanni…

Jörn hat am 30. Januar Geburtstag und feierte damals karnevalsgerecht mit einer Kostümparty. Als ich im rosa Prinzessinnenkleid klingelte, sagte er stolz zu seiner Mutter: »Das ist meine Freundin Daniela.« Aber bevor sich zwischen uns auch nur annähernd etwas entwickeln konnte, das über das Tauschen von Colaflaschen-Knibbelbildern hinausging, wurden wir getrennt. Jörn und ich kamen auf verschiedene Gymnasien, was in Teenieköpfen einem Leben in zwei unterschiedlichen Galaxien entspricht. Ich

Venus, du Mars – auf Nimmerwiedersehen. Obwohl wir im selben Stadtteil wohnten, liefen wir uns nicht mehr über den Weg.

Bis an einem Dezemberabend des Jahres 2002 das Schicksal eingriff. Allerdings tarnte es sich zunächst geschickt als eine Verkettung seltsamer Zufälle. Der Ort des Geschehens: die Domplatte bei Wind und Schneeregen. Typisch kölsches »useliges« Wetter eben. Frierend wartete ich auf einen Freund, aber er kam und kam nicht. Um die Zeit zu überbrücken, drehte ich schon mal eine kleine Solo-Runde über den angrenzenden Weihnachtsmarkt.

Zeit für Zufall Nummer eins: »Hallo Dani!«, tönte es aus einer der Buden. Verdutzt drehte ich mich um und erblickte eine Armee aus Holzfiguren. Die Stimme dahinter gehörte meinem Schulfreund Michael, den ich schon seit Jahren nicht mehr gesehen hatte. Er vertrat an diesem Abend seine kranke Mutter (Zufall Nummer zwei). Wie er mich trotz Regenschirm, Schal und hochgeschlagenem Mantelkragen erkannt hat? Das ist mir bis heute ein Rätsel.

»Ich gehe übermorgen zu einem Weihnachtstreffen mit alten Freunden. Komm doch mit, da kennst du sicher noch viele!«, schlug er vor – Zufall Nummer drei. Wir tauschten Telefonnummern, er rief mich zwei Tage später sogar an, um mich an die Party zu erinnern: »Du kommst doch heute Abend, oder?«

Und so drängelte ich mich schließlich durch den rappelvollen Rather Hof, berühmt für seine hohe Luftfeuchtigkeit und die niedrige Decke. »Ah, da vorne ist Jörn«, brüllte Michael im Lautstärke-Wettkampf mit George Michaels *Last Christmas*. »Der hat das Treffen organisiert.«

Ein Mann mit dunkelblondem Kurzhaarschnitt drehte sich um und ich blickte in zwei blaue Augen – die ich, das war mir blitzartig klar, vom nur dreihundert Meter Luftlinie entfernten Schulhof kannte. Das war der Jörn aus meiner alten Klasse!

Er erzählte von seinem Umzug nach Amerika vor über zehn Jahren. Erst hatte er dort studiert, nun arbeitete er als Investment-Banker in New York. Um den Kontakt nach Deutschland nicht zu verlieren, trommelte er jedes Jahr vor Weihnachten Verwandte und Freunde in seiner Heimatstadt Köln zusammen. Wir sprachen nur kurz – schließlich musste er sich auch um die anderen Gäste kümmern –, aber die paar Minuten reichten, um die Schmetterlinge in meinem Bauch von der Startrampe zu schubsen. Ich bekam seine Augen einfach nicht mehr aus dem Kopf. Wie er mich angesehen hatte! Wenn ich daran dachte, schwappten Gänsehautwellen über meinen Körper.

Sollte ich Jörn eine E-Mail schicken? Er hatte mir schließlich seine Visitenkarte in die Hand gedrückt. Es gab tausend Gründe, die dagegen sprachen: Wir kannten uns doch kaum. Vielleicht fand er mich gar nicht so toll wie ich ihn. Oder er hatte eine Freundin. Trotzdem drückte ich nach Silvester auf »send«. Die unverfängliche Nachricht lautete: »Es war schön, dich nach so langer Zeit wiederzusehen. Ich wünsche dir ein wunderbares neues Jahr!«

Innerhalb weniger Stunden erhielt ich eine Antwort – so, als hätte Jörn nur auf ein Zeichen gewartet. Von da an war mein virtueller Briefkasten nie mehr leer. Wir schrieben über alles, was uns bewegte. Das Kabel meines altersschwachen, klobigen Laptops legte ich so durch die Wohnung, dass ich bequem auf der Couch tippen konnte. Als unsere Fragen zu dringlich für E-Mails wurden, stiegen wir auf Instant Messaging um, und als unsere Gefühle das Fassungsvermögen des Internets sprengten, griffen wir zum Hörer. Jörn und ich telefonierten stundenlang, nächtelang. Durch die Zeitverschiebung war es bei mir manchmal schon zwei Uhr morgens, wenn er gerade Feierabend machte. Alles egal! Ich hatte noch nie einen Mann so nah an mich herangelassen wie Jörn. Er wusste, was ich fühlte, kannte meine Träume, meine

Ängste. Wir erfuhren alles voneinander. Das Einzige, was noch zwischen uns stand, war diese wahnsinnige Sehnsucht.

Gierig zählte ich die Tage bis zum nächsten Treffen. Gott sei Dank lag das nicht in allzu weiter Ferne: Jörn hatte schon lange geplant, im Februar zum neunzigsten Geburtstag seines Großvaters nach Deutschland zu fliegen. »Da könnten wir zwei doch endlich mal wieder zusammen Karneval feiern!«, schlug er vor. Abgemacht: An Weiberfastnacht würden wir gemeinsam durch die Kölner Altstadt ziehen. Kurz vor seinem Abflug mailte ich Jörn ein Kinderfoto von uns beiden: Arm in Arm saßen wir darauf nebeneinander, er mit Federschmuck und Indianerschminke, ich im rosa Prinzessinnenkleid. »Auf dich wartet eine Überraschung«, versprach ich geheimnisvoll.

Der Abend sollte etwas ganz Besonderes werden – Jörn würde nämlich wieder einer Prinzessin gegenübertreten. In meinem Kleiderschrank warteten schon ein rosa Satinkleid und ein Krönchen auf ihren Einsatz. Tagelang hatte ich auf der Suche nach dem passenden Kostüm Geschäfte durchkämmt. Da ich nur 1,58 Meter groß bin, war ich schließlich bei Kindergröße 164 fündig geworden. Perfekt!

Wäre da nur nicht dieses nervöse Kribbeln – so als hätte ich päckchenweise Ahoj-Brause im Blut. Mit zittrigem Lächeln holte ich Jörn vom Flughafen ab. Küsschen links, Küsschen rechts, immer schön zurückhaltend. Ich konnte ihm doch nicht gleich um den Hals fallen – zumal er sich auch nicht zu einem großartigen Gefühlsausbruch hinreißen ließ. Warum eigentlich nicht? Ich war ganz durcheinander.

Wir fuhren zum Haus seiner Eltern und zogen dort unsere Kostüme an. Vor mir stand Robin Hood und starrte mit offenem Mund auf mein rosa Kleid. »Das war also die Überraschung«, sagte Jörn schmunzelnd. »Ab jetzt nenne ich dich nur noch Princess Dani.« Ein Kosename, der noch sehr lange haften blieb.

Um die Bahn zu erwischen, mussten wir uns beeilen. Jörn schnappte sich meine Hand und wir flitzten zur Haltestelle. Die Linie 9 Richtung Innenstadt war so voll, dass uns die Menge aneinanderpresste. Der Brause-Gehalt in meiner Blutbahn stieg bei jeder Berührung. Immer noch Hand in Hand liefen wir über das Kopfsteinpflaster zum Alten Markt, wo meine Freunde auf uns warteten. Und plötzlich, zwischen singenden Piraten, schunkelnden Krankenschwestern und lallenden Clowns, zog Jörn mich an sich und küsste mich. Der Lärm um uns herum verschwand unter einer flauschigen Watteschicht, ich konnte nicht mehr denken, nur noch fühlen. Auf unseren ersten Kuss hatte ich mich in den letzten Wochen irrsinnig gefreut – aber nicht geahnt, dass er sich auch so irrsinnig gut anfühlen würde. Ausgemalt hatte ich mir das Ganze natürlich viel romantischer und vor allem unter vier Augen, aber das spielte keine Rolle mehr, als ich in Jörns Armen lag. »Das, was ihr da macht, kann ja nur in einer Hochzeit enden«, flachste eine Freundin, die unsere hollywoodreife Darbietung gleich mit der Kamera festhielt. Wie recht sie doch behalten sollte …

Im Morgengrauen setzte Jörn mich zu Hause ab. Einerseits war ich überglücklich – andererseits so mutlos und verunsichert wie nie zuvor. Bei meinem Job im Kindergarten tauchte ich wenige Stunden später mit bedröppelter Miene auf – zur Verwunderung der Kolleginnen. Schließlich hatte ich ihnen am Vorabend strahlend von meinem Date mit einem »ganz besonderen Mann« erzählt. »Ist wohl nicht gut gelaufen?«, wollte eine der Betreuerinnen wissen.

»Ganz im Gegenteil«, erwiderte ich. »Das ist ja das Schlimme.«

Denn nun stand ich vor einem riesigen Problem: Jörn lebte in New York, ich in Köln. Wie sollte *das* gut gehen? In der Nacht zuvor hatte er deutlich gemacht, dass eine Fernbeziehung für ihn nicht infrage kam. O-Ton: »Das habe ich schon ausprobiert. So etwas funktioniert nicht.«

Aber ich gab nicht auf. Schließlich war ich mir sicher, dass unser Zusammentreffen mehr als bloßer Zufall war. Ich wusste: Jörn war kein Flirt. Er war mein Seelenverwandter! Für viele Menschen klingt das vielleicht kitschig, aber ich glaubte fest daran. So ist das bei hoffnungslosen Romantikerinnen.

Mein unerschütterlicher Glaube an unsere Liebe steckte schließlich auch Jörn an. Wir beschlossen, es doch zu versuchen, und telefonierten noch öfter. In herzzerreißenden E-Mails machten wir uns gegenseitig Mut. Es war eine schmerzhafte Zeit – obwohl wir es sogar schafften, uns alle drei bis vier Wochen zu sehen: Ich besuchte Jörn in New York, wir fuhren nach Österreich zum Skilaufen und aufs Oktoberfest in München, trafen uns in London und Amsterdam. Bei diesen Wiedersehen genoss ich jede gemeinsame Sekunde, aber sobald ich wieder im Flugzeug saß, liefen Sturzbäche von Tränen meine Wangen hinunter. Ich weiß nicht, wie viele arme Stewardessen mir in diesem Jahr ganze Stapel von Tempotüchern reichen mussten. Es war eine beinahe schöne Art von Traurigkeit – weil es natürlich toll ist, so viel für einen anderen Menschen zu empfinden, dass jede Trennung derartig wehtut.

Auf Dauer war die Hin-und-her-Fliegerei aber nicht machbar, weder fürs Portemonnaie noch fürs Herz. Wir wünschten uns nichts mehr als ein gemeinsames Zuhause. Und da Jörn gerade die amerikanische Staatsbürgerschaft angenommen hatte, trafen wir eine Entscheidung: Ich würde zu ihm nach New York ziehen! Wenige Monate später, am 4.4.2004, ging mein Flieger. Jörn saß an meiner Seite. Er hatte mich in Köln abgeholt, um mir den Abschied zu erleichtern. Natürlich war es traurig, mein Leben in Deutschland – und damit meine Familie, meine Freunde und meinen Job – hinter mir zu lassen. Aber ich war mir sicher, dass Jörn der Richtige war.

Wir haben kurz darauf geheiratet und sind seit fünf Jahren »Mr and Mrs«. Das anfängliche WG-Zimmer in Manhattan tauschten wir gegen ein blau-weißes Einfamilienhäuschen in Verona, einer Kleinstadt 45 Zugminuten nordwestlich von New York. Unser dreijähriger Finley und sein 18 Monate jüngerer Bruder Kilian sollen schließlich im Grünen aufwachsen, genau wie wir früher.

Ich liebe es, Jörn und unsere Söhne zu beobachten, wie sie hinter dem Haus Laubschlachten veranstalten, im Verona Lake mit unserer grünen Luftmatratze herumalbern oder auf der Couch vor dem Kamin kuscheln. Wenn ich das Lachen meiner drei Jungs höre, kann ich mein Glück kaum fassen. Dann bin ich unsagbar dankbar, Teil dieser wunderschönen Geschichte zu sein, die das Leben für uns vorgesehen hat.

DIE MAGISCHE SIEBEN

Cindy (27), Bauzeichnerin, Neuenegg
über
Sascha (31), Betriebsleiter, Neuenegg

Laut der Bibel hat Gott die Erde innerhalb von *sieben* Tagen erschaffen. Es gibt *sieben* Weltwunder, *sieben* Weltmeere. Und was wäre Schneewittchen ohne ihre *sieben* Zwerge?

Für viele Menschen ist die *Sieben* eine magische Zahl und auch für mich hat sie eine besondere Bedeutung. Schließlich bin ich an einem *siebten* Januar geboren. Aber dass mir diese Nummer auch bei der Liebe meines Lebens unter die Arme greifen würde, hätte ich nie gedacht…

Meine Geschichte beginnt – wann sonst – vor ziemlich genau *sieben* Jahren. An einem Samstag radelte ich durch die Innenstadt und entdeckte im Vorbeifahren meine Kollegin Marina auf einer Caféterrasse. Ein Bremsenquietschen und wenige Sekunden später stand ich auch schon vor ihrem Tisch, aber plötzlich bekam ich Bedenken: Störte ich Marina etwa bei einem Date?

Der Mann, der ihr gegenübersaß, war gar nicht mein Typ: schwarzes Haar, braune Augen, kleiner als ich (das wurde klar, als er aufstand, um sich als »Sascha« vorzustellen). Mein Flirtradar befand sich im Schlafmodus, denn eigentlich stand ich damals auf groß, blond und blauäugig.

Marina schien mein kleiner Überfall nicht zu stören. Einladend klopfte sie auf den leeren Stuhl neben sich. Während des Gesprächs ertappte ich mich immer wieder dabei, wie ich auf Saschas Lippen starrte. Er hatte nämlich das wärmste und ansteckendste Lächeln, das ich kenne. Wenn er sich freute, bildeten sich tiefe Grübchen in seinen Wangen und seine Augen leuchteten.

Wir redeten über Gott und die Welt, aber meine wichtigsten Fragen wurden nicht geklärt. Als ich nach Hause fuhr, wusste ich von Sascha nicht viel mehr als seinen Namen. »Woher kennst du ihn eigentlich?«, fragte ich Marina am Abend per SMS. Sie erzählte mir, dass sie Sascha in der Berufsschule kennengelernt habe. Die beiden hatten sich allerdings schon jahrelang nicht mehr gesehen und waren sich an diesem Samstagnachmittag ganz zufällig über den Weg gelaufen. »Ich find ihn nett«, simste ich.

»Rate mal, wer mir auch eine SMS geschickt hat?«, schrieb Marina noch am selben Abend. Sascha natürlich. »Er wollte mehr über dich wissen.« Von da an waren es noch *sieben* Wochen bis zu unserem ersten Kuss. Aber ohne fremde Hilfe bekamen wir zwei das nicht gebacken – dafür war Sascha viel zu schüchtern. Marina wurde zu unserer Vermittlerin. Sie redet nämlich gerne und viel, und so konnten bei unseren Dreier-Dates keine peinlichen Schweigemomente entstehen.

Eine SMS zu schreiben fiel Sascha und mir da schon leichter. Anfangs kam dabei nicht viel mehr als ein »Wie geht es dir?« heraus, aber eines Abends stand auf meinem Display: »Ich gebe dir einen Gutenachtkuss. Sascha.« Das klang ja vielversprechend! Jetzt ging er endlich ran – dachte ich.

Nach unserer nächsten Verabredung mit Marina regnete es heftig, und da Sascha sein Auto weiter weg geparkt hatte, chauffierte ich ihn dorthin. Als wir vor seinem Parkplatz Halt machten, fragte ich: »Und was ist jetzt mit meinem Gutenachtkuss? Krieg ich den endlich?« Sascha schaute überrascht drein. Dann gab er mir einen Blitzschnell-Kuss auf den Mund und stieg ebenso zügig aus dem Auto. Was war das nur für ein Mann? Einen so zurückhaltenden Kerl hatte ich ja noch nie erlebt! Oder wollte er vielleicht doch nichts von mir?

An Saschas Geburtstag, dem 7.7.2002, erhielt ich die Antwort. Zusammen mit seinem Patenkind Patrick gingen wir in den Zoo. Sascha hielt den Kleinen an der Hand, und irgendwann sagte er zu mir: »Willst du mir nicht auch deine Hand geben?«

Für Sascha war das ein Riesenschritt – den er auch nur wagte, weil Marina ihm ins Gewissen geredet hatte: »Wenn du Cindy gut findest, musst du jetzt langsam die Initiative ergreifen.«

Und das tat er auch: Am Abend gingen wir schön essen, nur wir beide. Keine Marina weit und breit und auch kein Patenkind. Sehr romantisch war das.

Im Auto küssten wir uns zum ersten Mal *richtig*. Es fühlte sich großartig an, so, als würde man ein Kleid probieren, das einfach wie angegossen sitzt.

Seit wir zusammen sind, begegnet uns die *Sieben* immer wieder, als wolle sie uns sagen: »Ihr gehört zusammen.« Kürzlich waren wir in einem Pfannkuchenimbiss in Helsinki. Wer dort bestellt, erhält einen Bon mit einer Nummer, die ausgerufen wird, wenn das Essen fertig ist. Auf unserem stand natürlich die *Sieben*. In Restaurants passiert uns das oft: Wenn wir uns an einen beliebigen Tisch setzen, kann ich drauf wetten, dass bald der Geschäftsführer der Kellnerin zuruft: »Bedien doch bitte mal das Pärchen an Tisch *sieben*.«

2003 zogen wir in unsere erste gemeinsame Wohnung, die wir heiß und innig lieben. Auch in unserer Postleitzahl (3176) und der Hausnummer (67) steckte unsere Glücks-*Sieben*. Ich bin nicht wirklich abergläubisch, aber wenn es um wichtige Dinge geht, vertrauen wir inzwischen ganz gezielt auf die *Sieben*.

Sascha hat mir nach *sieben* Jahren an einem *siebten* Dezember den Heiratsantrag gemacht. Wir kamen gerade von einem winterlichen Streifzug im Schnee zurück, als er vor der Tür ein Kästchen aus seiner Jackentasche zog. Noch bevor er es öffnen konnte, fiel ich ihm mit feuchten Augen um den Hals.

Die Eheringe haben wir an einem *siebten* Februar ausgesucht – und das war wirklich nicht geplant. Im Gegensatz zur Hochzeit: Die fand am 7. August 2009 statt. Der Tag war einfach perfekt! Ich danke dem Schicksal dafür, dass es mich und Sascha auf diese Weise zusammengeführt hat. Hätte ich ihn einfach nur in einer Bar gesehen, hätte ich ihn wohl kaum angesprochen. Liebe auf den allerersten Blick war es eindeutig nicht. Doch als Sascha eine Chance hatte, seinen Charme unter Beweis zu stellen, war ich ganz schnell hin und weg. Heute ist er für mich attraktiver, als es ein blonder, blauäugiger Brad Pitt je sein könnte.

Momentan arbeiten wir daran, uns unseren großen gemeinsamen Wunsch zu erfüllen: eigene Kinder. Aber *sieben* sollen es nicht werden, da sind wir uns schon einig!

DAS REINSTE CHAOS

Jens (33), Architekt, Hannover
über
Lena (25), Studentin, Hannover

Jens, ich muss dir was sagen.« Das ist definitiv nicht der erste Satz, den man nach einer Woche mallorquinischer Stresspause hören will.

Mit zerknirschtem Schlechte-Botschaft-Blick wartete Miriam (Typ Megan Fox) im Ankunftsterminal auf mich.

Aber Moment – mit der war ich doch gar nicht in der Kiste gewesen! Zumindest nicht im letzten halben Jahr. Oder doch? Mal überlegen... So besorgt und in dem kurzen Rock sah sie mal wieder echt sexy aus. »...gebrochen worden« – dieser Satzteil schaffte es gerade noch in mein Hirn, während ich Kopfkino spielte.

»Was?«, blaffte ich.

»Mensch, du hörst einem auch nie zu!« In einer Lautstärke, dass sich die Taxifahrer am nächsten Sammelaschenbecher neugierig umdrehten, sagte sie: »Bei dir ist eingebrochen worden! Vor zwei Tagen wollte ich nach dem Rechten schauen, aber da war's schon passiert.«

Bestens! Weder das Wort »Baby« noch »schwanger« kamen vor. Doch langsam sickerte die Kernaussage bis in mein Stammhirn durch. Eingebrochen? Kopfkino, zweiter Teil: Jetzt zogen mein 117-cm-Flachbildfernseher, meine Bose-Anlage, mein Mac und meine Philippe-Starck-Sessel an meinem geistigen Auge vorbei. »Du willst mich wohl verarschen!«, stieß ich hervor. »Was bist *du* denn für eine Housesitterin?«

Seit einem Jahr war Miriam (übrigens knackige 24) quasi meine bessere Hälfte: Sie sorgte dafür, dass meine Hemden gebügelt wurden, hatte alle Termine fest im Griff und keinen Freund. Eine bessere Sekretärin hätte ich mir nicht vorstellen können – bis jetzt zumindest.

»Steig erst mal ein«, sagte sie und holte die Schlüssel ihres silbernen Golfs aus der Tasche. Sie öffnete zuerst die Beifahrertür – allerdings nicht aus Höflichkeit. Das Schloss auf der Fahrerseite klemmte mal wieder. Genüsslich schaute ich zu, wie sie über den Beifahrersitz hinters Lenkrad krabbelte. Schöner Po – dafür musste auch in einer Krise Zeit sein. Einmal in die Oststadt, bitte!

Während der Fahrt gab sie mir die Details im ICE-Tempo durch: »...wie auf einem Schlachtfeld. Chaos! Kaputtes Porzellan! Alles durchwühlt!« Sie hielt inne, um Luft zu holen. »Aber weißt du, was merkwürdig ist? Die müssen einen Schlüssel gehabt haben. Es gibt gar keine Einbruchsspuren!«

Bei mir angekommen fuhren wir mit dem Lift in den fünften Stock. Scheiße, das war der Moment der Wahrheit: Schlüssel ins Schloss, tief einatmen, rein.

Das Gute an einem Loft ist, dass es keine Wände gibt. Ein schneller Rundblick sorgte für erste Erleichterung. Fernseher? Check. Anlage? Check. Computer? Check. Sessel? Check. Ich schlurfte vorwärts, eine herumliegende schwarze Laufhose und meine Hannover-96-Boxershorts blieben an meinem rechten Schuh hängen. So weit, so normal.

»Auf die Gefahr hin, dass ich mich wiederhole«, presste ich hervor. »Willst du mich verarschen? Wo wurde hier denn deiner Meinung nach eingebrochen?«

Tränen schossen in Miriams grüne Augen. »Aber...«, stammelte sie. »Die offenen Schubladen, die verstreuten Klamotten...«

»...sind vom Kofferpacken. Musste eben schnell gehen«, konterte ich.

»Und die Porzellanscherben in der Küche?«

»Das war ich.«

»Aber dein Kopfkissen hast du doch nicht selbst zerrissen?«

»Nein«, antwortete ich und pustete eines der weißen Federchen vom Fernseher, von denen sich Tausende im ganzen Loft verteilt hatten. Langsam wurde es peinlich. »Ich hatte in der Nacht vor dem Urlaub noch Besuch…« Miriam wurde rot und ich driftete gedanklich ab zur erotischsten Kissenschlacht meines Lebens.

Aber schon gewann Miriam ihre Fassung zurück. »Also ist dieser Ground Zero hier völlig normal?«, donnerte sie und stemmte mamahaft ihre Hände in die Hüften. Unsere »Treffen«, wie ich sie jetzt mal nenne, hatten immer in ihrer penibel aufgeräumten Zweizimmerwohnung stattgefunden. »Wenn das so ist, mein Lieber, dann brauchst du dringend eine Putzfrau!« Türknallen.

Drei Tage später klingelte Lena. Ihre Nummer hatte ich von meiner Ex Susanne, die meine Wohnung als 200-Quadratmeter-Petrischale mit lebenden Kulturen bezeichnete. Lena sollte ab sofort alles laborrein machen, immer freitags ab neun. Zwischen Pferdeschwanzfrisur und Kapuzenpulli lachten mich zwei Eisblau-Augen an – oder lachten sie *über* mich? »Na, da hat Suse wirklich nicht zu viel versprochen. Ist ja ein ziemlicher Schweinestall hier«, stellte Lena spöttisch fest und war auch schon an mir vorbei ins Chaos-Innere geschlüpft.

»Hey…«, wollte ich protestieren, aber mir fiel keine sinnvolle Antwort ein. Sie hatte ja recht.

»Wo hast du denn dein Putzzeug?«, wollte sie wissen und ich fragte mich, ob es in Ordnung war, dass meine Putzfrau mich duzte. Und warum war die überhaupt so jung? Irgendwie niedlich, ein bisschen wie Reese Witherspoon, nur ohne Make-up.

»Haaallo, haaallo!« Lena fuchtelte mit ihren Händen vor meinem Gesicht herum, als wären es Scheibenwischer. »Du hast echt ein Aufmerksamkeitsproblem. Auch davor hat Suse mich gewarnt.«

Ach ja? Frauen stecken doch alle unter einer Decke! Kommentarlos zeigte ich auf das Kabuff neben dem Sub-Zero-Kühlschrank.

»Kannst ruhig abhauen, den Rest kriege ich hier allein hin«, erklang es aus der Abstellkammer, in der alles außer ihrem bejeansten Po verschwunden war. Baff legte ich fünfzig Euro auf die Kücheninsel und zog ab. Ich musste an das letzte Mal denken, dass ich einer Frau Geld hingelegt hatte. War irgendwie befriedigender gewesen.

Diese demütigende Begegnung verdrängte ich erfolgreich – bis ich abends die Wohnungstür aufmachte. Poliertes Nussbaumparkett glänzte mir entgegen, die schwarze Ledercouch und der weiße Flokati waren krümelfrei. Die Küche glänzte, die Fenster waren wortwörtlich glasklar, ja sogar das Bett hatte sie frisch bezogen. Wie peinlich... So sauber war es hier zum letzten Mal bei meinem Einzug vor vier Jahren gewesen. Vielleicht doch keine schlechte Idee, das mit der Putzfrau...

Am kommenden Freitag machte ich mich schon um halb neun aus dem Staub. Schließlich hatte Lena einen eigenen Schlüssel – und ich keine Lust, mir einen weiteren blöden Spruch einzufangen. Einige Wochen später fing ich mir aber etwas ganz anderes ein – und zwar eine miese Magen-Darm-Grippe. Nach zwei Tagen Kranksein verabschiedete ich mich im Bad gerade kopfüber von den Liefer-Pizzabrötchen vom Vorabend, als ich plötzlich einen Schlüsselbund klimpern hörte. Oh nein! Ich hatte vergessen, Lena abzusagen. Mit letzter Kraft schubste ich die Badezimmertür zu, aber da klopfte es auch schon. »Bei dir alles in Ordnung?«, fragte sie besorgt.

»Ja, ja, geht schon«, röchelte ich. »Hab nur eine kleine Erkältung. Ich bleibe heute zu Hause, das Schlafzimmer brauchst du nicht zu machen.«

Mit dem ersten Aufheulen des Staubsaugers schlich ich rüber ins Bett. Erst von einem erneuten Klopfen wurde ich wieder wach. Bevor ich irgendetwas Unflätiges brüllen konnte, steckte Lena ihren Kopf herein. »Mann, siehst du scheiße aus«, entfuhr es ihr bei meinem Anblick. Nutellafarbene Augenringe, geplatzte Äderchen und saharatrockene Lippen schienen wohl nicht in ihr Beuteschema zu passen.

»Komm, setz dich mal hin, du brauchst Elektrolyte.« Lena klopfte das Kissen auf, half mir hoch und drückte mir eine dampfende Tasse in die Hände. »Pfefferminztee mit Salz. Ein altes Hausmittel von meiner Oma. Wird dir helfen.« Mich noch mal zu übergeben? Das Zeug schmeckte widerlich! Trotzdem würgte ich es runter.

Die nächsten 24 Stunden verbrachte ich im Delirium. In meinen Fieberträumen hielt mir eine blauäugige Krankenschwester einen Salzklumpen vor das Gesicht – und plötzlich plapperte auch noch eine Kinderstimme im Hintergrund. Etwas bohrte sich in meine Wange. »Maaami! Ist das der Kranke?«

Das Piksen war allerdings kein Traum, sondern ein echter Kinderfinger. Das dazugehörige Mädchen war geschätzte sechs Jahre alt und krähte: »Der sieht aber gar nicht gut aus.« Hinter dem Zwerg tauchte Lena im Türrahmen auf. Von wem die Kleine ihren Charme geerbt hatte, war mir jetzt klar.

»Doch, der sieht sogar wieder blendend aus, im Vergleich zu gestern. Isabelle, komm mal weg da. Sorry, Jens, das ist meine Tochter. Ich wollte nur kurz nach dir schauen. In der Küche stehen Zwieback, Salzstangen und Cola. Das müsstest du heute eigentlich schon bei dir behalten können.«

»Danke«, murrte ich und zog die Bettdecke bis unters Kinn. Sorgte die sich etwa um mich? »Aber warum machst du das alles?«, fragte ich verwirrt.

»Ist wohl mein Mutterinstinkt«, lautete ihre Antwort. »Wir müssen jetzt auch wieder weg. Los, Isabelle, jetzt geht's in den Zoo!« Und so schnell, wie die Fata Morgana erschienen war, verschwand sie auch wieder.

Den Rest des Tages verbrachte ich krümelnd und genesend im Bett. Ich stand in Lenas Schuld, so viel war klar. Aber was sollte ich tun? Ihr eine Tafel Schokolade hinlegen? Einen Blumenstrauß? Nee, sie war ja keine achtzig. Vielleicht ein Essen...

»Hast du heute Abend schon was vor?«, fragte ich sie am nächsten Freitag.

»Ja, meine Tochter ins Bett bringen«, entgegnete sie gewohnt frech. Aber irgendwie mochte ich ihre Art inzwischen. Lena war nicht so duckmäuserisch wie die meisten Weiber, die bei mir gleich einen Dackelblick bekamen.

Ich ließ nicht locker: »Wie wäre es denn morgen? Ich muss mich doch für die Krankenpflege revanchieren.« Ich beobachtete, wie sie Pro und Contra abwägte. Pro gewann. »Weißt du was? Ich hab Isabelle versprochen, morgen mit ihr zu McDonald's zu gehen. Komm doch mit.« Das nennt man dann wohl ein Cheap Date – Frittengeruch inklusive.

Während Isabelle sich glücklich über ihr Happy Meal hermachte und dann in Richtung Rutsche verschwand, führte ich das erste längere Gespräch mit ihrer Mutter.

Zur Abwechslung ganz ohne Haudraufsprüche. Und ich merkte, wie viele Sorgen hinter ihrer großen Klappe steckten: Schwanger mit 18, Freund weg, Abi vergeigt. Mit ihren Eltern hatte sie sich so verkracht, dass sie zur Tante abgeschoben wurde. »Eine ätzende Zeit, sag ich dir. Ein schreiendes Kind, dauernd dreckige Windeln und zig Arzttermine. In den ersten Monaten bin ich richtig kopfalt geworden.«

Seitdem Isabelle in die Krippe durfte, nahm Lena alle Jobs an, die sie bekommen konnte – Messe-Service, Kellnern, Putzen –, um ihrer Tante nicht mehr als nötig auf der Tasche zu liegen. Seit einem Jahr ging sie zweimal pro Woche zur Abendschule. »Nächstes Jahr habe ich mein Abi in der Tasche«, erklärte sie zuversichtlich.

Und das Verwunderlichste an diesem Gespräch war: Ich hatte jedes Wort gespeichert – eine echte Zuhör-Premiere. Lena war der erste Mensch, den ich spannender fand als mich selbst. Eine Erkenntnis, die ich mit einem doppelten Cheeseburger runterzuwürgen versuchte. Schwierig.

In den nächsten Wochen lief mein Gehirn auf Autopilot. Ich erfand immer neue Ausreden, damit ich freitagmorgens in die Wohnung schneien konnte – rein zufällig, versteht sich. Sportschuhe vergessen, Kaffeefleck auf dem Hemd, Schnürsenkel gerissen. »Bin gleich wieder weg«, verkündete ich mit gespielter Hektik, nur um dann doch noch einen Kaffee mit ihr zu trinken.

Zuhören, lachen, Sommersprossen zählen.

Aber so konnte das nicht weitergehen. Ich machte mich ja zum Voll-Honk! Und auf die Arbeit konzentrieren klappte auch schon längst nicht mehr. Ich, der große Aufreißer, bekam den Mund nicht auf. Das war neu. Ein Mädel nach dem anderen hatte ich schamlos in mein Bett gebeten, aber bei dieser Frau bekam ich plötzlich Schiss. Was, wenn Lena mir eine Abfuhr erteilte?

Und dann passierte genau das: Eines Freitags kam sie mit ernstem Blick auf mich zu und blieb gefühlte zwei Zentimeter vor meiner Nase stehen. »Jens, ich muss dir was sagen.«

Oh nein, nicht schon wieder …

»Ich kündige.«

Mir wurde übel. Ich war einfach zu lahmarschig für diese Welt. Jetzt würde sie gleich weg sein! »Aber warum denn?«, krächzte ich.

»Mein Freund kann mich doch nicht dafür bezahlen, dass ich hier Klarschiff mache.«

Was? Was? Was? Was?

Ich stand echt auf dem Schla … und da spürte ich auch schon ihre vanilligen Labello-Lippen auf meinen. Verdutzt schnappte ich nach Luft, aber sie blieb völlig gefasst. »Ist doch klar, dass du hier zukünftig wieder allein für Ordnung sorgst, oder?«

Daraus wurde dann aber doch nichts. Seit Lena vor zwei Jahren mit Isabelle bei mir eingezogen ist, machen wir halbe-halbe – auch beim Dreck. »Am Anfang fand ich dich echt nervig«, hat Lena mir gebeichtet. »Du warst ein furchtbarer Macho. Aber dann ist mir klar geworden, dass du eigentlich schwer in Ordnung bist.« Vor Lena hatte sich nur keine Frau die Mühe gemacht, das herauszufinden.

In diesen beiden Jahren habe ich viel von ihr gelernt. Komisch, eigentlich sollte es doch andersherum sein – schließlich bin ich acht Jahre älter als sie. Dank Lena weiß ich jetzt, was es heißt, Verantwortung zu übernehmen: An den Tagen, an denen sie für ihre BWL-Vorlesungen zur Uni muss, hole ich Isabelle von der Schule ab und arbeite zu Hause weiter. Wofür bin ich denn schließlich mein eigener Chef?

Es tut gut, Lena dabei zu helfen, sich ihren Traum vom Studium zu erfüllen. Für diese Frau würde ich alles tun. Immerhin hat sie mein Leben auf den Kopf gestellt. Und trotzdem ist es jetzt so aufgeräumt wie nie zuvor.

DER BLITZANTRAG

Ingrid (56), Unternehmerin, Recklinghausen
über
Thomas (60), Unternehmer, Recklinghausen

Willst du mich heiraten?« Thomas und ich kannten uns seit genau vier Stunden, als er mir die Frage stellte, auf die andere Frauen jahrelang warten müssen.

Ich war 23 und gerade in die Firma meines Vaters in Recklinghausen eingestiegen. Wir versorgten große Handelsketten mit Heimtiernahrung und mussten kontrollieren, ob unsere Produkte richtig platziert wurden. Daher plante ich eine Geschäftsreise nach Berlin zu einem unserer Kunden, dem Plaza-Warenhaus in Neukölln.

Vorab wollte ich telefonisch die wichtigsten Dinge mit dem Werbe- und Verkaufsleiter klären. Wie ungewöhnlich, ging es mir durch den Kopf, dass einem Mitarbeiter gleich zwei so verantwortungsvolle Posten übertragen wurden. Das konnte ja nur ein alter Hase sein, ein Herr weit über fünfzig mit grau meliertem Haar. Prima, ein Profi wie der würde mir die Arbeit sicher erleichtern – ich steckte nämlich ziemlich im Stress.

Der Mann am anderen Ende der Leitung schien im Gegensatz zu mir alle Zeit der Welt zu haben. Er zog unsere Unterhaltung unnötig in die Länge, schien gar nicht mehr auflegen zu wollen. Mich machte das ganz kribbelig.

Ob ich denn schon ein Hotel gebucht habe, wollte er wissen.

Ja, Herrgott!

»Und wie kommen Sie vom Flughafen dorthin?«

»Wenn ich mich recht erinnere, gibt's in Berlin Taxen.«

»Darf ich Sie abholen?«

»Wenn Sie unbedingt wollen – bitte.«

Was nach dieser Unterhaltung fünfhundert Kilometer östlich von mir passierte, erfuhr ich erst viel später: Mein Gesprächspartner feierte am selben Abend mit seinen Eltern deren Hochzeitstag. Bevor er ihnen gratulierte, verkündete er freudestrahlend: »Ich habe heute meine zukünftige Frau kennengelernt!«

Die versammelte Familie platzte vor Neugierde: »Wie ist ihr Vorname? Wie alt ist sie? Wie sieht sie aus?« Doch auf keine dieser Fragen wusste er eine Antwort. Nur meine Stimme, die kannte er. Während ich in diesem Moment keinen Gedanken an ihn verschwendete, war er sich bereits sicher: Diese Frau wird die Liebe meines Lebens!

Als ich ihn schließlich am Flughafen Tegel traf, waren wir beide baff. Statt eines älteren Herrn wartete ein junger Mann Ende zwanzig am Kofferband auf mich. Die Plaza-Nadel prangte an seinem schwarzen Sakko. Hatte der Vertriebsleiter also doch nur einen Chauffeur geschickt.

»Sind Sie vielleicht hier, um mich abzuholen?«, fragte ich. Schweigend starrte mich der Anzugträger an. Mit einer so jungen Firmenchefin hatte er wohl nicht gerechnet. »Haben Sie die Sprache verloren?«, hakte ich forsch nach. Als er sich wieder gefangen hatte und sich vorstellte, war ich an der Reihe, mich zu wundern: Vor mir stand mein Termin höchstpersönlich, ganz ohne grau meliertes Haar.

Wir waren uns sympathisch und einigten uns schnell aufs Du. Doch obwohl Thomas sehr nett war, konzentrierte ich mich auf die Arbeit. Ich räumte Hundeflocken, Kanarienvogelfutter und Lamm-Paté für Katzen in die Regale. Aus dem Augenwinkel beobachtete ich, wie Thomas ständig in meiner Nähe herumscharwenzelte.

Nach vier Stunden kam er plötzlich auf mich zu. Und dann folgte die Frage, die mich fassungslos machte: »Willst du mich heiraten?«

Ich starrte ihn an. Dann musste ich lachen – schließlich war es ein Scherz, richtig? Doch in seinen Augen blitzte kein Fünkchen Flachserei. Thomas meinte es ernst!

»Man begegnet im Leben nur einem Menschen, der einen so packt wie du mich«, legte er nach. »Diese Chance kann ich nicht einfach so verstreichen lassen.«

»Moment mal! Ich habe am 13. Oktober schon einen Termin auf dem Standesamt – aber nicht mit dir.«

Thomas rechnet im Kopf nach. »Dann habe ich ja drei Monate Zeit, um dich zu überzeugen«, sagte er selbstbewusst. »Das kriege ich hin.«

Noch am selben Abend lud er mich zum Essen ein und fragte mich geschickt über mein Leben aus. Er war ein außergewöhnlicher Mann: zielstrebig, unterhaltsam und ziemlich verrückt. Wenn er etwas wollte, setzte er alle Hebel in Bewegung, um es zu erreichen – das ist auch heute noch so. Ich bekam es damals am eigenen Leib zu spüren: So wie Thomas hat kein anderer je um mich gekämpft. Was der alles angestellt hat, um mich rumzukriegen! Nachdem ich aus Berlin zurück war, ließ er mir jeden Tag einen Blumenstrauß ins Büro liefern. Hinter meinem Rücken rief er eine meiner Freundinnen an. Sie kam auch aus Berlin, daher lagen die beiden auf einer Wellenlänge. »Du musst mir helfen«, flehte er sie an und gelangte so an einige nützliche Tipps.

Thomas und ich telefonierten immer öfter. Heimlich natürlich, damit mein Verlobter nichts davon merkte. Der Hochzeitstermin stand zwar fest, ich hatte auch schon ein Kleid – aber ob ich wirklich Ja sagen würde? Da war ich mir nicht mehr sicher. Zwischen meinem Verlobten und mir kriselte es bereits seit einiger Zeit, aber wie es eben so ist: Ich hatte viel Arbeit und kaum Zeit fürs

Privatleben. Unsere Beziehung ließ ich lieber wie gewohnt dahinplätschern, anstatt mir den Trennungsstress aufzuhalsen.

Trotz aller Heimlichkeit bekam mein Vater irgendwann Wind von meinem Verehrer aus Berlin. »Wer ist der Mann, der dir ständig Blumen schickt?«, wollte er wissen. »Stell ihn mir doch mal vor.« Dass ein neuer Mann um mich buhlte, war ihm gerade recht, denn mit meinem Verlobten wurde er sowieso nicht wirklich warm.

Und so fuhr Thomas eines Freitags wirklich nach Recklinghausen. Wir planten, ein Wochenende miteinander zu verbringen, um herauszufinden, wie wir zueinander standen. Meinem Verlobten erzählte ich, ich sei auf einem Geschäftstermin in Bremen. Stattdessen brauste ich mit Thomas zum Schlosshotel Auel, östlich von Köln. Die Einzelheiten dieser beiden Tage möchte ich für mich behalten, aber nach dem Wochenende stand für mich felsenfest: Ich mache Schluss mit meinem Verlobten!

Doch das war gar nicht so einfach, wie ich es mir vorgestellt hatte. Als ich ihm alles über mein Wochenende mit Thomas beichten wollte, wusste er schon Bescheid. Er hatte nämlich bei der Firma in Bremen angerufen, bei der ich den vermeintlichen Termin gehabt hatte. »Der wurde doch abgesagt«, hatte man ihm eröffnet. Stundenlang redete er auf mich ein. Er sei bereit, mir den Seitensprung zu verzeihen, beteuerte er. Wir seien doch so ein tolles Paar!

Ich begann, an meinen Gefühlen für Thomas zu zweifeln. Bei Licht betrachtet war das Ganze vielleicht doch nicht viel mehr als ein Strohfeuer. Ich griff zum Telefonhörer: »Es tut mir leid, Thomas. Es ist aus! Das mit uns wird nichts.«

Thomas erzählte mir später, dass er sofort die Nummer seines väterlichen Freundes Alex gewählt hatte. »Was soll ich jetzt nur tun?«, fragte er hilflos. Alex, der einige Jahre älter war, riet zur klassischen Rückzugstaktik: »Lass Ingrid ruhig ein bisschen schmoren, dann wird sie sich schon eines Besseren besinnen.«

Es wirkte. Als sich Thomas gar nicht mehr meldete, war ich völlig überrascht. Wollte er mich denn nicht mehr? Würde er so kampflos aufgeben? Ich vermisste ihn furchtbar! Nach ein paar Tagen hielt ich es nicht mehr aus. Ich rief Thomas an und bat ihn: »Bitte komm nach Recklinghausen!« Gott sei Dank hatte er keine Lust auf Spielchen und setzte sich sofort in den nächsten Flieger. Als wir uns umarmten, wusste ich, dass ich die richtige Entscheidung getroffen hatte. Mit diesem Mann würde ich mein Leben verbringen. Thomas hatte es geschafft: Ich sagte meine Oktober-Hochzeit ab und stand im Dezember 1976 mit ihm vor dem Altar.

»Du machst den größten Fehler deines Lebens«, jammerte eine Freundin. »Ihr passt doch überhaupt nicht zusammen!«

Und sie behielt sogar vorerst recht: Das erste Ehejahr war schlimm! Ich hätte mich am liebsten zehnmal getrennt. Thomas zog zu mir und stieg in unsere Firma ein. Beruflich lief alles prima: Die Mitarbeiter vertrauten ihm sofort und hatten großen Respekt vor ihm. Aber zwischen uns beiden lief vieles schief. Wir waren eben grundverschieden! In der ersten Verliebtheit war mir das gar nicht aufgefallen, aber jetzt, da wir zusammenwohnten, war es nicht mehr von der Hand zu weisen. Als Jugendliche hatte ich in einer Klosterschule gesellschaftliche Etikette gelernt und so grazil wie möglich Bücherstapel auf dem Kopf durchs Haus balanciert. Mein ehemaliger Verlobter war einen Porsche gefahren und hatte Maßanzüge getragen. Er hatte mir den Stuhl zurechtgerückt, mir aus dem Auto geholfen. Für mich war dieses – zugegebenermaßen etwas abgehobene – Leben selbstverständlich. Nicht aber für Thomas, der in bodenständigeren Verhältnissen groß geworden war. »Wo hast du bloß diese altmodischen Ansichten her?«, fragte er mich oft verständnislos.

Ich erinnere mich, dass wir einmal vor einem Restaurant parkten. Thomas stieg aus und ich wartete darauf, dass er die Beifahrertür öffnete. Stattdessen blieb er neben dem Auto stehen und fragte: »Was ist los? Warum steigst du nicht aus?« Darüber konnte ich nur den Kopf schütteln.

Aber trotz dieser Missverständnisse war Thomas nicht bereit, das Handtuch zu werfen. »Wir müssen an unserer Beziehung arbeiten«, sagte er. Thomas' Cousin und dessen Frau gaben uns Hilfestellung: Die beiden waren damals schon seit acht Jahren verheiratet, und Thomas legte viel Wert auf ihre Meinung. Wir besuchten sie oft in Hamburg, wälzten während langer Spaziergänge unsere Eheprobleme.

Mit der Zeit wurde es wirklich besser: Wir brachten immer mehr Verständnis füreinander auf, gingen Schritt für Schritt aufeinander zu. Ich warf einige meiner antiquierten Ansichten über Bord und Thomas mutierte zum Gentleman. Seine typische Berliner Schnauze hat er aber nicht verloren – und das ist auch gut so. Denn dafür, dass er kein Blatt vor den Mund nimmt, liebe ich ihn schließlich.

Als wir unsere Differenzen erfolgreich überwunden hatten, konnten wir endlich Zukunftspläne schmieden, die dann auch recht bald Früchte trugen: Vier Jahre nach unserer Hochzeit kam Alexander zur Welt – ein echtes Wunschkind und der lebende Beweis für unser neu gewonnenes Glück.

Einfach war die eheliche Eingewöhnungszeit nicht, aber eines habe ich gelernt: Man darf seine Entscheidungen nie davon abhängig machen, ob der gewählte Weg auch der mit dem geringsten Widerstand ist. Denn die 33 Jahre, die nach unserer kleinen Krise folgten, waren wundervoll.

Thomas und ich haben uns inzwischen größtenteils aus dem Geschäft zurückgezogen und widmen uns unserem gemeinsamen Hobby: der Kunst. Wir fliegen zur Biennale nach Venedig, zur Art Basel in Miami Beach oder unterstützen junge Talente in Berlin. Thomas hat ständig neue verrückte Ideen. Gelangweilt habe ich mich an seiner Seite noch nie. Ich bin froh, dass er damals so hartnäckig war. Der höchste Feiertag im Jahr ist für mich nicht mein Geburtstag oder Weihnachten, sondern unser Kennenlerntag: der 2. Juli. Thomas und ich sind wie das berühmte Liebespaar von Chagall: Wir halten uns fest bis in die Ewigkeit.

Unser Sohn ist jetzt 29 Jahre alt. Und ich wünsche Alexander nichts mehr, als dass er einmal so eine große Liebe erlebt wie seine Eltern.

FLIRTEN BIS DER CHEF KOMMT

Melanie (27), Hotelkauffrau, Frankfurt
über
Manuel (29), Koch, Frankfurt

Eigentlich war es mein großer Traum, eines Tages Stewardess zu werden – aber wenn das geklappt hätte, würde ich jetzt über den Wolken Tomatensaft servieren, statt total verliebt auf Wolke sieben zu schweben.

1998 hatte ich gerade meine mittlere Reife in der Tasche und stand vor der quälenden Frage: Was nun? Mein Traum schien zum Greifen nah. Um Flugbegleiterin zu werden, hätte ich lediglich einen mehrwöchigen Lehrgang absolvieren müssen, doch obwohl ich noch ein Teenie war, siegte wundersamerweise der Kopf über das Herz. Ich entschied mich, erst mal eine richtige Ausbildung zu machen und meine Flugkarriere auf später zu verschieben, was meine Eltern sehr glücklich machte.

Der Gasthof Hirsch in Gosbach ist ein hübsches Fachwerkhaus mit viel dunklem Holz und knarzenden Dielen. Ein Jahr vor meinem Schulabschluss hatte ich dort ein Praktikum gemacht, und jetzt bot mir der Chef eine Lehrstelle zur Restaurantfachfrau an. Auf diese Weise würde ich schon mal lernen, Gäste auf festem Boden zu bewirten.

Für die gesamte Dauer meiner Ausbildung würde ich in dem über zweihundert Jahre alten Gemäuer wohnen, das gut 15 Kilometer von meinem Elternhaus entfernt lag. Im Juli zog ich mit Sack und Pack in mein karges Personalzimmer. Nur ein Bett und ein Schrank standen in dem kleinen Raum. Um es ein bisschen wohnlicher zu machen, brachte ich reichlich Familienfotos, Bücher und CDs mit. Ächzend schleppten meine Mutter und ich Koffer und Kisten in den ersten Stock. Natürlich mussten auch mein Schreibtisch und der klobige Schneider-Heimcomputer samt Tower mit umziehen. Mini-Netbooks wie heute gab es damals leider noch nicht.

Was Mama und ich nicht ahnten: Während wir uns abmühten, standen zwei junge Herren ein Stockwerk höher im Treppenhaus und verrenkten sich die Hälse. Statt uns zu helfen, begutachteten sie mit fachmännischem Blick das blonde »Frischfleisch« beim Einzug. Ich bekam davon allerdings nichts mit, denn ich war ja damit beschäftigt, meine Festplatte unbeschadet nach oben zu wuchten.

Da sich Manu und sein Kollege im Treppenhaus gekonnt vor mir versteckt hatten, lernte ich ihn erst später kennen. Eine Aushilfe stellte uns einander vor: »Das ist Manu aus der Küche. Er ist schon im zweiten Lehrjahr.« Dann witzelte sie: »Siehste, Manu, jetzt ist endlich mal ein Mädel für dich da.« Manu lief rot an. »Quatsch, das brauche ich nicht«, wiegelte er ab und gab mir nur kurz die Hand. Während ich Besteck und Gläser polierte, musste ich ständig an ihn denken. Der sah schon ganz nett aus …

Manu war 17 und wohnte nicht im Hirsch, sondern bei seinen Eltern. Jeden Tag nach Feierabend brauste er mit seinem Mofa davon. Das war natürlich ein echter Coolnessfaktor, durchkreuzte aber meine Flirtpläne, denn Manu haute immer ab, wenn wir Azubis nach der Arbeit zusammen auf den Zimmern rumhingen.

Hinzu kam, dass er eine ganz schön harte Nuss war. Auch unser Personalvorrat an Alkohol, den wir im Keller horteten und Flasche für Flasche hochschmuggelten, machte ihn nicht wirklich redselig. Manu kam nie richtig aus sich heraus. Erst an seinem 18. Geburtstag, den wir auf einem der Personalzimmer feierten, lernte ich ihn ein bisschen besser kennen und befand: Das wäre schon einer für mich.

Im August fand das alljährliche Gartenfest statt, eine Riesenfeier, für die wir uns schon frühmorgens ins Zeug legen mussten. Biertische, Getränke, Essen – alles musste hinter das Haus getragen werden. Auch wenn es viel Arbeit war, freuten wir Angestellten uns auf den Abend, denn zu späterer Stunde würden auch wir mitfeiern dürfen. Ich malte mir aus, wie ich ganz romantisch mit Manu anstoßen würde. Dass wir einander mochten, hatte sich inzwischen herumgesprochen. »Ich kenne da jemanden, der findet dich ganz gut«, flüsterte mir ein Küchenlehrling augenzwinkernd zu.

Ein spannender Abend lag vor mir. Deshalb träumte ich bei den Vorbereitungen vor mich hin und achtete nicht auf meine Schritte. Die Wiese war regennass, ich rutschte aus und landete der Länge nach auf dem Boden. Mein Knie tat tierisch weh, aber da musste ich durch, denn als die Gäste kamen, wurde es richtig hektisch. Ich schlug mich tapfer, doch um zwei Uhr morgens ging gar nichts mehr. Das Knie war kugelrund geschwollen und ich konnte kaum noch auftreten. »Du musst ins Krankenhaus«, entschied mein Chef. Seine Tochter stellte sich als Chauffeurin zur Verfügung.

»Ich komme mit«, rief plötzlich eine männliche Stimme. Manu! Auf dem Weg zum Auto stützte er mich fürsorglich und vor dem Krankenhaus besorgte er in Windeseile einen Rollstuhl, damit ich nicht durch die Gegend humpeln musste.

Die Diagnose, die der Arzt stellte, gefiel mir gar nicht: Mein Knie war ziemlich schlimm geprellt, musste vielleicht sogar operiert werden. Ich sollte es eine Woche ruhigstellen. Das hieß natürlich auch eine Woche lang keine Arbeit im Hirsch. Und eine Woche lang kein Manu! Gerade jetzt, wo wir uns so gut verstanden!

Meine Eltern waren kurz zuvor nach Ungarn gefahren. Papa kam extra für zwei Tage zurück, da noch nicht klar war, wie ernst die Sache mit meinem Knie wirklich aussah. Nachdem er wieder abgereist war, lag ich allein in meinem Elternhaus. Von Manu gab es kein Lebenszeichen. Wie lang so eine Woche doch sein konnte…

Um die Zeit zu überbrücken, rief ich Konstanze an, die an Manus Seite in der Küche arbeitete. Wir telefonierten stundenlang und sie tat genau das, was ich in dieser Situation so dringend brauchte: Sie hörte zu und machte mir Mut. »Das wird schon werden, mach dir keinen Kopf.«

Am Abend nach meiner Rückkehr in den Hirsch lud ich alle Kollegen zu einer kleinen Genesungsparty auf mein Zimmer ein. Einer der Lehrlinge versprach: »Wir bringen Manu mit.« Bis auf ihn kamen alle pünktlich und verteilten sich auf die wenigen Stühle. Als Manu schließlich in der Tür stand, war nur noch ein Platz frei – nämlich genau neben mir auf dem Bett. »Ich rücke noch ein bisschen«, bot ich an.

»Nein danke, ich stehe lieber«, antwortete er.

Nach zwei Stunden löste sich die Runde langsam auf und mich packte die Panik. Mein Kollege Andreas war schon aufbruchsbereit und fragte Manu: »Nimmst du mich gleich mit?«

Wenn ich jetzt nicht die Initiative ergriff, würde ich warten, bis ich schwarz wurde! »Ich komme mit«, erklärte ich deshalb – und keiner der Jungs protestierte. Nachdem wir Andreas abgesetzt hatten, schaute ich Manu in die Augen und redete nicht länger um den heißen Brei herum: »Da du ja deinen Mund nicht aufmachst, tu ich es. Wir müssen die Sache mal angehen, sonst wird das nie was.«

Und so wurde doch noch etwas draus: Manu kam mit auf mein Zimmer und wir quatschten bis morgens um sechs. Da gab es dann auch den ersten Kuss – meine Forschheit hatte sich gelohnt. In voller Montur schliefen wir nebeneinander auf dem Bett ein. Natürlich bekamen die anderen genau mit, dass Manu in der Nacht nicht nach Hause gefahren war – und es auch in den nächsten zwei Wochen nicht mehr tat.

Eines Morgens klopfte ein Azubi aufgeregt an unsere Tür. »Passt auf, der Chef weiß alles! Ihr sollt zu ihm kommen.«

Der Chef saß unten am Stammtisch, und seine Miene verriet, dass er unsere Beziehung nicht durch die rosarote Brille betrachtete. »Ich weiß, wie es ist, wenn man jung ist«, setzte er an. »Aber das mit euch, das geht so nicht. Was ist denn, wenn ihr euch mal in die Haare kriegt? Das bringt hier den ganzen Ablauf durcheinander.«

Er verbot Manu, weiterhin bei mir zu übernachten. Außerdem rief er meine Mutter an und erzählte ihr alles. Sie sah unsere Beziehung aber Gott sei Dank ganz gelassen. Von da an fuhr ich eben immer mit zu Manu nach Hause – dagegen konnte der Chef ja nichts sagen. Und als er nach einigen Monaten merkte, dass das mit uns etwas Ernstes war, hatte er sowieso nichts mehr einzuwenden.

Nach der Ausbildung arbeiteten Manu und ich in drei weiteren Hotels zusammen. Ärger oder Probleme gab es dabei nie, weil wir Job und Privates immer ganz streng trennten. Inzwischen wohnen wir in Frankfurt. Manu kocht in einem Vorstandsrestaurant, ich arbeite als Assistentin der Geschäftsleitung und mache ein Fernstudium zur Wirtschaftsfachwirtin.

Zur Zeit absolvieren wir beide einen Tauchkurs, damit wir für unseren nächsten Urlaub auf den Malediven unterwasserfit sind. Manu ist noch immer der Zurückhaltendere von uns beiden. Da es stimmt, dass man Männer manchmal zu ihrem Glück zwingen muss, ergriff ich 2004 wieder die Initiative. Dieses Mal war mein Ziel ein lautes Ja. Seit sechs Jahren waren wir schon ein Paar und meiner Meinung nach bereit für den nächsten Beziehungsschritt. Ich plante, Manu an meinem Geburtstag einen Heiratsantrag zu machen. Wir besuchten an diesem Wochenende Freunde in der Nähe von Regensburg. Dort würde ich nach Sonnenuntergang auf einer Wiese um seine Hand anhalten, umringt von einem

Herz aus lodernden Fackeln. Wochenlang hatte ich alle Details mit meinem Kumpel Peter ausgetüftelt. Doch dann regnete es und mein Plan fiel ins Wasser. Aber ich wollte meinen Antrag auf keinen Fall abblasen. Es musste passieren. Heute Abend!

Mit Freunden fuhren wir zum Funpark, einer Riesendisco in Regensburg mit großen Leinwänden an jeder Wand. Da kam mir eine neue Idee: Ich ging zum DJ und bat ihn, folgenden Text einzublenden: »Manu, willst du mich heiraten?«

Mit ein bisschen Muffensausen ging ich zurück zu Manu und wartete nervös auf die große Botschaft. Dann kam sie endlich: »Manu, willst du mich heiraten?« stand in XXL-Leuchtbuchstaben auf der Leinwand. Manu guckte wie ein Auto und war erst mal sprachlos. Während ihm die Gesichtszüge entglitten, lief ich los, wollte einfach nur raus. Der Antrag war wohl keine gute Idee gewesen. Wer so lange zögerte, konnte nur Nein sagen. Aber dann spürte ich Manus Hand auf meiner Schulter: »Warte mal«, sagte er.

»Was ist denn jetzt? Was sagt du dazu?«

»Ja! Natürlich ja«, meinte er ganz ruhig und mir kamen die Tränen. »Aber noch nicht jetzt«, fuhr er fort. »Lass uns ein bisschen warten, wir haben doch alle Zeit der Welt.«

Drei Monate darauf feierten wir Verlobung – natürlich im Gasthof Hirsch, wo alles angefangen hatte. Unser ehemaliger Chef war ganz gerührt und wahnsinnig stolz.

Zwei Jahre später heirateten wir standesamtlich und noch mal zwei Jahre darauf kirchlich. Denn 2008 war für uns ein besonderes Jahr: Da hatten wir unser zehnjähriges Kennenlernjubiläum. Genau der richtige Zeitpunkt also, um ein rauschendes Fest zu feiern. Die Hochzeit war genauso, wie ich sie mir immer erträumt hatte: Wir heirateten in der Wallfahrtskirche Ave Maria in Deggingen, ich trug ein weißes, wunderschönes Kleid mit Reifrock.

Als kleines Mädchen hatte ich die Kirche mit den prächtigen Stuckornamenten, Goldverzierungen und pausbäckigen Engeln mit meinen Eltern besucht. »Wenn ich groß bin, will ich hier mal heiraten«, hatte ich gesagt, ohne zu ahnen, dass es wirklich einmal so kommen würde.

Während der Trauung ließ ich als Überraschung für Manu unser Lied abspielen: *Bedingungslos* von Kate und Ben. Das Besondere an der Hochzeits-Version war, dass ich sie einige Monate zuvor selbst aufgenommen hatte. Manu erkannte natürlich meine Stimme. Er schaute mich an und schmunzelte. Wenn es um unsere Liebe geht, ist er kein Mann der vielen Worte, trotzdem spüre ich genau, wie wichtig ich ihm bin – durch Gesten, Blicke, Taten. Und die sind mir viel wichtiger, als fünfmal am Tag ein »Ich liebe dich!« zu hören.

Ich bin stolz darauf, sagen zu können: »Das ist mein Mann.« An Manus Seite freue ich mich auf alles, was uns noch erwartet. Auch darauf, irgendwann mit grauem Haar neben ihm auf der Couch zu sitzen und an unser gemeinsames Leben zurückzudenken.

ROLLENTAUSCH

Henrik (37), Betriebstechniker, München
über
Katka (58), Verwaltungsangestellte, München

Als ich mich vor zwölf Jahren in Katka verliebte, war sie noch ein Mann und ich eine Frau. Heute ist es andersherum. Wir sind beide transsexuell und haben uns für eine Geschlechtsangleichung entschieden: Aus Georgia wurde Henrik, und Roland heißt jetzt Katka.

Als wir uns zum ersten Mal trafen, wussten wir noch nicht, dass wir im falschen Körper steckten. Ich war damals 25 und Japanologie-Studentin an der Uni München. Natürlich merkte ich, dass mit mir irgendetwas anders war – aber was? Ich stand auf Männer, das war klar. Mit einem Studienfreund schaute ich regelmäßig *Star Trek*, er versorgte mich mit Hausmannskost von seiner Mutter und einmal im Monat trafen wir uns zum Sex. Eine richtige Beziehung hatte ich allerdings noch nie gehabt. Es gibt da dieses Sprichwort: Du kannst nur jemanden lieben, wenn du dich selbst liebst. Ich aber hasste mich – meine Brüste, die runden Hüften und überhaupt: Alles Weibliche an mir ekelte mich an.

Jahrelang suchte ich in Psychologiebüchern und -zeitschriften nach einer Erklärung für meine Unzufriedenheit. War ich schizophren? Oder hatte ich etwa eine multiple Persönlichkeitsstörung? Dann las ich zum ersten Mal etwas über Transsexualität: Ja, das könnte hinkommen. Aber wenn es stimmte, konnte ich ja mein ganzes bisheriges Leben in die Tonne treten. Und den Weg, der in diesem Fall vor mir lag, würde ich nie allein schaffen!

Ich vertraute mich dem einzigen Menschen an, der mir zu dieser Zeit wirklich nahe stand – meinem besagten Kommilitonen: »Kannst du dir vorstellen, dass ich eigentlich ein Mann bin?«

Wenn ich jetzt sage, er habe überrascht oder schockiert dreingeschaut, wäre das stark untertrieben. Er machte ein Gesicht, als hätte ich ihm gerade zehn Morde gestanden, und ätzte bitterböse: »Georgy, du brauchst nur mal einen Kerl, der dich ordentlich durchfickt. Dann weißt du, dass du eine Frau bist.«

Dieser Satz warf mich auf der Suche nach mir selbst um Jahre zurück. Wenn mein Geständnis schon einen vertrauten Menschen so desaströs reagieren ließ, wie würde das erst beim Rest meines Bekanntenkreises werden?

Ich suchte jemanden, dem ich bedingungslos vertrauen konnte. Einen, der mich auch lieben würde, wenn ich mich wirklich irgendwann mal angleichen ließ. Deshalb schaltete ich im Stadtmagazin *Prinz* eine Kontaktanzeige, mit der ich einen bisexuellen Mann finden wollte. Dreißig Zuschriften kamen. Zwei oder drei gefielen mir gut, der Rest sollte eine Absage erhalten. Anstandshalber verlangte ich von mir selbst, dass ich jedem zumindest einen Brief schickte. Wo ich die Adresse nicht entziffern konnte, rief ich an – so auch bei Roland. Am Telefon wollte ich ihm erklären, dass er nicht das war, wonach ich suchte. Während dieses Gesprächs bestätigte sich auch mein erster Eindruck: Roland war ganz anders als ich, wir passten nicht zusammen!

Trotzdem ließ ich mich aus lauter Langeweile zu einem Date breitschlagen. Wir trafen uns ein paar Stunden später zum Abendessen bei einem Chinesen im Glockenbachviertel. Es wurde ein langer Abend: Nach Frühlingsrollen und Bami Goreng gab es in einer Kneipe ein paar Bier, dann landeten wir in Rolands Wohnung, die gleich um die Ecke lag. Entgegen meinem ersten Eindruck lagen wir voll auf einer Wellenlänge. Wir verstanden uns so gut, dass ich gleich über Nacht blieb und drei Tage später in seine 64-Quadratmeter-Wohnung einzog, in der wir heute noch leben.

Roland war extrem männlich: ein harter Kerl mit cooler Lederjacke. Da wusste ich ja noch nicht, dass Accessoires wie diese für ihn nur eine Art Maskerade waren, hinter der er seine eigentlichen Wünsche versteckte.

Eine Weile waren wir das perfekte Paar. Ich hatte sogar eine richtige Super-Woman-Phase, in der ich mich besonders sexy anzog und schminkte. Ich wurde Meisterin im Verdrängen und bettelte Roland an, wir sollten doch versuchen, ein Kind zu bekommen. Vielleicht war ich ja doch ganz normal, redete ich mir ein. Wenn ich es nur versuchen würde …

Doch zwei Jahre später, 1999, kamen die Schlafstörungen. Immer wieder wachte ich auf und verbrachte meine Nächte grübelnd vor dem PC. Ich ging Roland aus dem Weg, zog die Hand weg, wenn er meine streicheln wollte. Es war eine schwierige Zeit, in der ich einfach nicht wusste, wohin mit mir. Ich traute mich nicht, Roland meine Gefühle zu beichten. Zu groß war die Angst, dass er sich gegen mich wenden würde.

Es wurde so schlimm, dass ich schließlich bei Viva anrief, einem Selbsthilfeverein für Transsexuelle. Dort nannte man mir einen Therapeuten, mit dem ich endlich über alles reden konnte. Er schüttelte nicht angewidert den Kopf, als ich ihm von meiner eventuellen Transsexualität erzählte. »Ja, des kann's scho geben«, sagte er. »Erzählen's mal.« Dieser Mann war der Erste, der mich ernst nahm. Unsere klärenden Gespräche räumten bei mir die letzten Zweifel aus. Ich würde diesen Weg gehen – egal, wie hart er war.

Ein halbes Jahr später bekam ich die erste Testosteron-Spritze. Während ich mit einigen Freunden ganz offen darüber sprach, verriet ich Roland nichts, vermutlich weil ich keine Lust auf komplizierte Diskussionen hatte. Ich wollte die Sache durchziehen und war so sehr mit mir selbst beschäftigt, dass ich gar nicht groß darüber nachdachte, wie und ob ich es ihm beibringen würde. Er würde es ja irgendwann von allein merken, er war ja nicht blind! Die ersten Veränderungen ließen auch nicht lange auf sich warten: Meine Beinbehaarung nahm zu, im Gesicht war ein Flaum zu erkennen und nach zwei Monaten steckte ich im Stimmbruch. Ich brach mein Studium ab, weil es zu anstrengend war, sich auf zwei so wichtige Sachen gleichzeitig zu konzentrieren. Stattdessen jobbte ich bei einer Zeitarbeitsagentur.

Stillschweigend beobachtete Roland, was mit mir geschah. Er fragte nie nach – was für mich extrem hilfreich war. In mir veränderte sich so viel, dass ich froh war, wenn unser Alltag in gewohnten Bahnen verlief. Ich glaube, wir suchten in dieser Zeit beide nach einem sicheren Hafen, denn auch in ihm toste ein Sturm des Umbruchs. Einige Monate später steckte mir nämlich eine gemeinsame Freundin: »Weißt du eigentlich, dass der Roland jetzt auch Hormone nimmt?«

Mir war schon aufgefallen, dass Roland ein Faible für alles Weibliche hatte. In seiner Wohnung hingen zahlreiche Plakate mit glamourösen Transen. Aber dass er sich den Körper einer Frau wünschte, hatte ich nicht vermutet.

Roland und ich saßen also im selben Boot – wir wollten nur zu verschiedenen Ufern. Nachdem ich das kapiert hatte, wurde unsere Geschlechtsangleichung natürlich doch zum Gesprächsthema. Das war eine große Erleichterung, denn wenn der Mensch, neben dem man einschläft und sich morgens die Zähne putzt, nicht wissen darf, wie es in einem aussieht, macht es einen kühl. Obwohl wir täglich aufeinandergehockt hatten, waren wir meilenweit voneinander entfernt. Nun rückten wir endlich wieder näher zusammen: Roland erzählte mir, dass er erst durch meine Entscheidung wirklich über sich selbst nachgedacht habe. Schon als Kind habe er feminine Züge an sich entdeckt, sei lieber in den Stöckelschuhen seiner Cousine durch den Garten gelaufen, als mit den anderen Jungen Fußball zu spielen. Doch sich einzugestehen, was diese Anzeichen bedeuteten, dazu war er die ganzen Jahre nicht in der Lage gewesen. »Ich habe versucht, so zu sein, wie ich sein *sollte*«, gestand er. »Ich habe den harten Schimanski gespielt, ohne dass ich es je war.«

Von da an lebten wir nicht mehr nebeneinanderher. Wir wurden zu Verbündeten und gingen zusammen zu mehreren Viva-Treffen in München. Für mich war das allerdings weniger aufschlussreich als für ihn, denn dort gab es zwar viele Männer, die Frauen werden wollten, aber nur wenige Frauen mit demselben Ziel wie ich.

Ich hatte von einem Transmann-Verein in Köln gehört und dachte mir: Warum gründe ich nicht so einen hier in München? Anfangs saßen wir zu dritt da, heute kommen etwa zehn bis 15 Transgender-Männer zu den zweiwöchentlichen Treffen. Wie wichtig es für sie ist, sich mit Gleichgesinnten auszutauschen, weiß ich ja aus eigener Nicht-Erfahrung. Ich hatte damals niemanden, der mir hätte helfen können – und deshalb gebe ich gerne meine Erlebnisse und Kenntnisse weiter.

Nach Beginn der Hormonbehandlung ließ ich mir 2002 die Brüste, meine Gebärmutter und meine Eierstöcke entfernen. Roland, der inzwischen Frauenkleider trug und sich Katka nannte, saß jeden Tag an meinem Krankenhausbett. Da ich die Betäubungsmittel nicht vertrug, war ich bei der OP hellwach. Die Schmerzen waren nicht so stark – die Glückshormone linderten sie erheblich –, aber es war trotzdem sehr schön, jemanden an meiner Seite zu haben, der auf mich aufpasste. Umgekehrt war es natürlich genauso: Als Katka zwei Monate später ihre große OP hatte, besuchte ich sie täglich im Krankenhaus.

Einen Penis habe ich mir nie machen lassen, denn da sind mir die Risiken zu groß. Die Ergebnisse, die die Chirurgen erzielen, genügen nicht meinen Ansprüchen. Aber ich brauche keinen

Penis in der Hose, um mich als richtiger Mann zu fühlen. Seit meiner Geschlechtsangleichung habe ich endlich das Urvertrauen, das mir als Frau gefehlt hat. Ich bin selbstbewusst und so, wie ich immer sein wollte.

Meinem körperlichen Ideal entspricht Katka seit ihrer OP nicht mehr, schließlich stehe ich noch immer auf Männer, genau wie früher. Aber Fremdgehen kommt für mich nicht infrage. Katka und ich sind ein Paar, dazu gehört auch die Treue. Ich liebe sie als Mensch, und da ist es doch letztendlich egal, in welchem Körper sie steckt – auch, wenn sich das aus meinem Mund komisch anhört.

Zärtlichkeit ist ein wichtiger Teil unserer Beziehung: Wir gönnen uns ein ausgedehntes Bad oder eine Massage bei Kerzenschein und Räucherstäbchen, nehmen uns in den Arm und piesacken uns wie ein altes Ehepaar – wenn Katka beim Autofahren den Motor unnötig hochjagt oder ich sie beim Einkaufen mit meiner Hetzerei nerve. Die vielen Hürden, die wir gemeinsam überwinden mussten, haben uns zusammengeschweißt. Ohne Katka hätte sich mein Traum vom Leben als Mann vielleicht nie erfüllt. Ich habe es auch ihr zu verdanken, dass ich mir nicht mehr sorgenvoll die Nächte um die Ohren schlagen oder stundenlang in Psychologiemagazinen blättern muss. Heute kann ich mich darauf konzentrieren, mein Leben zu genießen und Spaß zu haben.

Katka und ich haben uns eine Ackerparzelle außerhalb von München gemietet. Einmal pro Woche fahren wir mit der S-Bahn raus und ernten Möhren, Zucchini oder Tomaten. Am liebsten würde ich ganz auf dem Land wohnen. Noch können wir uns das nicht leisten, aber man weiß ja nie. Ich kann mir das gut vorstellen: Katka, ich und unsere drei Katzen vor einem großen alten Bauernhof. Eben ein fast ganz normales Pärchen...

UNTER STROM

Alexandra (40), Controllerin, Hamburg
über
Peter (35), Key-Accounter, Hamburg

Na, woran denkst du gerade?«, fragt der Kollege im Türrahmen und linst neugierig zu mir rüber. Ist ja auch auffällig, wenn man bei der Kontrolle des Jahresüberschusses so grenzdebil lächelt wie eine Dreijährige, der gerade die neue Disco-Barbie in die Hand gedrückt wurde. Ich fasele irgendwas von Grillen am Elbstrand nach Feierabend. Wenn der wüsste, was mich wirklich zum Lächeln bringt, würde er mich doch für total bescheuert halten! Ich denke an einen Stromkasten: schmutziggrau, mit schwarz-weißen Graffiti und einem halb abgeknibbelten *Herz für Kinder*-Aufkleber. Wenn ich den im Kopf habe, wird mir so warm wie nach einer heißen Schokolade. Denn dort, vor dem Stromkasten, fing alles an.

Aber erst einmal brach alles zusammen. Genauer gesagt: Mein schwarzer Kombi verreckte. Und das, wo ich doch gerade meiner Freundin Nadja beim Umzug half. Na wunderbar! Zweimal waren wir an diesem Nachmittag schon voll beladen hin und her gefahren. Jetzt gab die Mistkarre vor Nadjas alter Wohnung in Winterhude ihren Geist auf. Ich steckte den Schlüssel ins Zündschloss, drehte – nichts.

»Das darf doch wohl nicht wahr sein«, grunzte ich genervt. Von hinten drückte eine Stehlampe in meinen Sitz.

»Weißt du was?«, sagte Nadja, die mit einer Engelsgeduld gesegnet ist. »Ich hol uns erst mal was zu trinken.«

Während mir ein Kumpel per Handy die Auto-Ferndiagnose durchgab, entkorkte Nadja eine Flasche italienischen Rotwein und füllte zwei Gläser auf dem thekenhohen Stromkasten neben dem Hauseingang. Und Prost! Das hatten wir uns nach der Arbeit und dem Ärger schließlich verdient.

Ein paar Schlucke später blickten wir um einiges entspannter in den orangeroten Oktobersonnenuntergang. Eigentlich war das alles gar nicht so übel. Ach Quatsch: Das war die wohl beste Art, das Warten auf einen Retter mit Überbrückungskabel zu überbrücken!

Ächzend hielt ein weißer VW-Bus auf der anderen Straßenseite. Nadja witterte ihre Chance, sie kannte den Fahrer. »Ingo!«, johlte sie winkend und zischte zuversichtlich: »Der hat bestimmt eins.«

Richtig: Nachdem Nadja mich ihrem Nachbarn vorgestellt hatte, sprintete er beeindruckend dynamisch die Treppen des weißgetünchten Altbaus hoch und kam mit dem gewünschten Kabel zurück – was zu einem weiteren »Prost!« führte. Routiniert brachte Ingo den Wagen zum Laufen. Bis die Batterie wieder aufgeladen war, würde es aber noch eine Weile dauern. Nadja zuckte mit den Schultern und rollte die Augen gen Himmel. »Das ist höhere Gewalt«, erklärte sie und holte eine zweite Flasche Merlot aus ihrer Wohnung.

An Umzug war danach natürlich nicht mehr zu denken, denn dafür waren wir viel zu betrunken. Und am Stromkasten wurde es immer voller: Ingo erspähte eine Freundin, die am hell erleuchteten Küchenfenster des Nachbarhauses telefonierte, und kurz darauf stand Birte mit uns an der provisorischen Straßenbar – natürlich mit dem obligatorischen Vino. Es war einer dieser unplanbar-perfekten Abende, an denen sich die Zeit so klein zusammenknüllt wie ein Stück Krepppapier. Ich schaute auf die Uhr: halb zwölf! Da war doch noch was?

»Mensch, Nadja, du hast ja gleich Geburtstag!« In dem ganzen Trubel hatte ich gar nicht mehr daran gedacht. Birte, deren Wangen schon ganz rot waren, bestimmte: »Wir müssen mit Sekt anstoßen. Ich hab noch welchen im Kühlschrank!« Mit vom Rauf-und-runter-Rennen noch röteren Wangen balancierte sie kurz darauf fünf Sektkelche und eine kalte Flasche zum Stromkasten.

»Aber wir sind doch nur vier«, wandte Nadja ein.

»Macht nichts«, erwiderte ich. »Der Nächste, der um die Ecke kommt, muss eben mittrinken.«

Wenig später schälte sich ein etwa 1,90 Meter großer Schatten aus der Dunkelheit. Die Straßenlaterne beleuchtete blondes Wuschelhaar, braune Augen, Lausbubengrinsen. »Hast du Lust, mit uns Geburtstag zu feiern?«, fragte ich und streckte dem Kerl das fünfte volle Glas entgegen. »Wir stoßen auf Nadja an. Das ist sie hier.« Ich zeigte auf das Geburtstagskind neben mir.

»Peter«, stellte sich der Blonde vor und nahm das Glas in die Hand. »Auf dich, Nadja.« Amüsiert musterte er unsere Flaschensammlung. »Hat es einen tieferen Grund, dass ihr am Stromkasten reinfeiert?«

Die restliche Runde brach in schallendes Gelächter aus. Damit war der Bann gebrochen und der Grundstein unseres Stromkasten-Clubs gelegt. Die Mitglieder: fünf verstrahlte Hamburger, die noch bis um vier Uhr morgens am Straßenrand quatschten. Mit schwipsig-krakeliger Schrift tauschten wir Telefonnummern aus.

Am nächsten Morgen kam eine SMS von Peter: »Und die Streifen sind doch grün!« Ganz langsam tauchte aus dem Nebel in meinem Brummschädel die Erinnerung an unsere Diskussion von gestern auf. Es war um Zahnpastafarben gegangen. Was für ein Klugscheißer – aber ein lustiger!

Alle drei Monate tagte von da an der Stromkasten-Club: Wir kochten zusammen, spielten Tennis oder gingen feiern. Alles rein freundschaftlich. Nur einmal, nachts um drei im rauchigen Hans-Albers-Eck, hatte ich das Gefühl, Peter würde mich anbaggern.

Er drückte mich ganz eng an sich, sodass ich das Astra riechen konnte, das er gerade getrunken hatte.

»Ich muss mal aufs Klo!«, schrie ich, um Hans Albers zu übertönen, der *Auf der Reeperbahn nachts um halb eins...* aus den Boxen trällerte. Für mich stand fest: Peter war viel zu jung! Das ging gar nicht! ... *ob du'n Mädel hast oder auch keins...*

Peter ging an diesem Abend solo nach Hause. Ich hatte nämlich gerade ein anderes Eisen im Feuer, das allerdings schneller wieder verglühte, als ich gedacht hatte.

Ein Jahr nachdem Peter und ich uns kennengelernt hatten, stapften wir durch das rostfarbene Herbstlaub an der Alster. Aus heiterem Himmel und in einem Nebensatz (Frechheit!) erzählte er, dass er eine Freundin habe, mit der er gerade zusammengezogen sei.

Ich fragte mich daraufhin zwei Sachen. Erstens: Wieso hatte er mir das nicht schon früher gesagt? Und zweitens: Warum war ich eigentlich so beleidigt? »Aber ich dachte, er findet *mich* gut«, flüsterte eine enttäuschte Stimme in meinem Kopf.

Was ich mir erst jetzt eingestand: Peters Alter spielte für mich längst keine Rolle mehr. Ich fand ihn toll. Ihn und seinen bekloppten Humor. Egal wo, wie und wann: Er schaffte es immer, mich zum Lachen zu bringen. Aber heute war mir nicht nach Lachen zumute.

»Ist dir kalt?«, fragte Peter, der im Gegensatz zu mir eine dicke Jacke trug.

»Nö, geht schon«, erwiderte ich knapp und heimlich schnatternd. Vor *dem* würde ich doch keine Blöße zeigen. Immer schön cool bleiben!

Das mit dem Coolbleiben war einige Monate später nicht mehr so einfach. Denn da verkündete Peter überraschend gefasst, dass mit seiner Freundin jetzt alles aus sei. Er wohne bei einem Kumpel, der regelmäßig gescheiterte Existenzen beherberge.

»Ach wirklich?«, fragte ich mit betroffener Miene und freute mich insgeheim diebisch. In dem Moment fühlte ich: Das konnte nur ein gutes Ende nehmen mit uns beiden. Selbst Julchen, meine Bernersennen-Müsterländer-Mischlingshündin, war begeistert von Peter. Normalerweise knurrte sie alle Männer weg, aber *ihm* leckte sie ganz lieb die Hand ab und kuschelte sich beim Kaffeetrinken an seine Beine. Julchen verliebte sich lange vor mir in Peter. Sie hat eben einen guten Riecher.

Den ersten Kuss bekam aber ich: Peter und ich hatten im Kino *Das Leben der Anderen* gesehen und danach ein Bier getrunken. Zögernd verließen wir die Kneipe, als hätten wir beide Angst vor dem Tschüss. Hilflos drucksten wir herum, während uns die Nasskälte unter die Jacken kroch. Peter schaute mir tief in die Augen. Es dauerte eine gefühlte Ewigkeit, bis er sich endlich zu mir hinunterbeugte. Der Kuss war weich, warm, zärtlich. »Wenn der Richtige kommt, dann weißt du es«, hatte mir eine Freundin mal gesagt. Meine Antwort: »Das ist doch ein echter Bullshit-Satz!« Aber bei dieser Knutschpremiere wusste ich es wirklich: Peter ist der Richtige!

Ob er das auch gemerkt hatte? Ich war mir da nicht so sicher, denn nach diesem Romeo-und-Julia-Moment verabschiedeten wir uns, als ob rein gar nichts gewesen wäre! Ich machte die ganze Nacht kein Auge zu. Als am nächsten Morgen mein Handy klingelte, konnte ich vor lauter Augenringen die Nummer auf dem Display kaum erkennen. Aber dafür kannte ich die raue Stimme am anderen Ende der Leitung umso besser: »Kommst du mit an die Alster?«

Was für eine Frage! Mit Julchen schlidderten wir über die vereisten Gehwege, bis Peter plötzlich stehen blieb und mich ernst anschaute. »Du«, sagte er mit einer sanften Stimme, die ich bis dahin noch nicht gekannt hatte. »Das war schön gestern. Ich mag dich sehr.«

Es folgte Kuss Nummer zwei – dieses Mal mit dem sicheren Gefühl, dass wir zusammenbleiben würden. Mann, bin ich froh, dass es diese ganzen doofen Spielchen (»Ich meld mich jetzt drei Tage nicht« und Co) bei uns nie gab. Wir haben von Anfang an offen über alles geredet. Bei anderen Typen stand immer dieses Misstrauen im Raum, aber mit Peter habe ich das nie gespürt.

Zwei Monate später zog er bei mir ein, mitsamt seiner Biergläsersammlung, den geklauten Straßenschildern und seinem Esel-Salzstreuer – eben dem ganzen Männerkram. Eine ziemliche Umstellung für mich, denn schließlich hatte ich davor zwölf Jahre lang allein gelebt. Peter drückte mir prophylaktisch eine Anti-Krisen-Tüte in die Hand. Darin steckten zwei Tuben Zahnpasta. Fragend zog ich die Augenbrauen hoch und er erklärte: »Damit du nie dein Lächeln verlierst.«

Mein Lächeln ist geblieben – bis heute. An Peters Seite habe ich keine Angst vor gemeinsamen Verpflichtungen. Im Gegenteil: Ich freue mich darauf. Vier Monate nach seinem Einzug haben wir den Mietvertrag für eine 100-Quadratmeter-Traumwohnung mit Dachterrasse unterschrieben. Die Couch, das Bett, den Strandkorb für draußen – alles haben wir zusammen ausgesucht. Seine alten Straßenschilder hat Peter sogar freiwillig in den Keller verbannt.

Seit wir ein Paar sind, kenne ich seine geheime Seite. Nach außen ist Peter immer jungenhaft lässig, ein Romantiker-Gen trauen ihm die wenigsten zu. Aber er hat es – und wie! Vor jeder Dienstreise klebt er kleine Zettelbotschaften an den Badezimmerspiegel: »Ich vermisse dich jetzt schon«, steht da, oder »Ich liebe dich«, doppelt unterstrichen. Als Julchen krank war, legte er sich nachts neben sie. Und an meinem vierzigsten Geburtstag überraschte er mich mit einem Foto-Memory-Spiel. Zwischen den Schnappschüssen von fratzenschneidenden, würstchenessenden, sonnenbrändigen Freunden entdeckte ich das Bild vom Stromkasten. Zweieinhalb Jahre ist es her, dass wir uns dort kennenlernten.

Das echte Exemplar steht nur vierhundert Meter von unserer Wohnung entfernt. Jeden Morgen fahre ich auf dem Weg zur Arbeit daran vorbei. Jedes Mal denke ich: Das mit uns, das kann gar nicht schöner werden. Am nächsten Tag weiß ich: Kann es doch...

DIE WAHR-SAGERIN

Maria (52), Beamtin, Leipzig
über
Karl (56), Beamter, Leipzig

Vor drei Tagen sind Karl und ich aus Guatemala zurückgekommen. Wir waren zwei Wochen lang mit dem Rucksack unterwegs, ich hatte nur ein T-Shirt und fünf Unterhosen dabei. Kann man sich das vorstellen?

Früher wäre so etwas für mich undenkbar gewesen, denn dafür war ich viel zu spießig. Erst seit Karl und ich zusammen sind, hat sich das geändert. Er hat Abenteuerlust für zwei und reißt mich mit. Hätte ich gleich auf die Wahrsagerin gehört, hätte ich diesen Spaß schon vor sechs Jahren haben können.

Aber ich glaubte ja nicht an den ganzen Humbug. Überhaupt kam ich nur mit zu ihr, um meine Tochter zu unterstützen. Marianne war 22 und hatte schon länger Probleme mit ihrer Niere. Nun sollte sie ihr sogar entnommen werden, der OP-Termin stand schon fest. Doch Marianne hatte ein ungutes Gefühl. War der Eingriff wirklich nötig?

»Ich gehe jetzt zur Wahrsagerin«, verkündete sie mir eines Tages.

»Was?«

»Meine Freundin kennt eine, die schon vielen Bekannten geholfen hat.«

»Das ist doch Quatsch!«, protestierte ich.

»Nein, Mama. Wenn mir jemand sagen kann, ob die Niere raus muss, dann Roxana.«

»Roxana?«

»Ja, so heißt sie.«

»Ich weiß nicht. Willst du dir das nicht noch mal überlegen? Das ist doch alles nur Scharlatanerei.«

»Komm doch mit und guck's dir selbst an«, schlug Marianne vor und ich willigte ein: »Dann kann ich wenigstens aufpassen, dass sie dir keine Flausen in den Kopf setzt.«

Marianne machte einen Termin aus, und wenige Tage später standen wir vor einem heruntergekommenen Gründerzeit-Haus. Die Eingangstür war offen. Über eine knarzende Holztreppe stiegen wir in den dritten Stock, so wie es uns die Frau mit dem vermeintlichen dritten Auge am Telefon aufgetragen hatte. Das Namensschild an ihrer Tür war mit einem Pflaster überklebt, auf das jemand in Blockbuchstaben »Roxana« geschrieben hatte.

Auf unser Klopfen hin öffnete sich die Tür einen Spaltbreit. Ein dunkelbraunes Auge, umgeben von unendlich vielen Falten, starrte uns an. »Ja?«, krächzte eine verrauchte Stimme.

»Ich bin Marianne. Wir hatten telefoniert.«

Die Tür bewegte sich keinen Millimeter. »Erst das Geld.«

Ich schaute meine Tochter mit hochgezogener Augenbraue an, aber sie blickte bewusst weg und kramte einen Fünfzigeuroschein aus dem Portemonnaie, den sie gefaltet durch die Ritze reichte.

»Danke.« Die Tür öffnete sich und nun konnten wir die Wahrsagerin unseres Vertrauens zum ersten Mal in Gänze betrachten: Sie konnte nicht größer als 1,60 Meter sein, trug eine lila geblümte Kittelschürze und hatte den Großteil ihrer störrischen weißen Haare unter ein blaues Kopftuch gestopft. Ihr Gesicht sah aus, als sei sie mindestens hundert Jahre alt.

»Kommen Sie bitte mit«, sagte sie.

Wir folgten ihr in ein chaotisches Wohnzimmer. Eine Katze schlich an mannshohen Zeitungsstapeln vorbei, auf denen sich Aschenbecher und gebrauchte Kaffeetassen türmten. Roxana bat uns, auf dem bunten Plüschsofa mit den Rüschenkissen Platz zu nehmen, sie selbst setzte sich in einen Sessel auf der anderen Seite des rechteckigen Onyx-Tisches.

Marianne erklärte ihr Anliegen und Roxana begann, recht unbeholfen ihre Tarot-Karten zu mischen und auszulegen. Dann verkündete sie: »Ich sehe keine OP.«

»Der Termin dafür ist schon vereinbart«, erklärte Marianne, aber Roxana schüttelte den Kopf: »Nein, ich sehe keine OP.«

Auf einmal starrte sie auf meinen Bauch.

»Entschuldigung, was machen Sie da?«, fragte ich.

»Der Bauch ist das Energiezentrum der Menschen«, krächzte die Wahrsagerin »Ihres ist gestört. Geben Sie mir mal Ihre Hände.«

»Mach schon«, zischte Marianne.

Schmunzelnd streckte ich meine Hände aus, die Roxana mit ihren drahtigen Fingern fest ergriff. Sie schloss die Augen, legte ihren Kopf in den Nacken und murmelte Unverständliches. Zwei Minuten lang ging das so, bis sie schlagartig die Augen aufriss.

»Sie waren schon mal verheiratet, richtig?«

»Ja, aber das ist lange her.« Mein Mann hatte mich vor 19 Jahren verlassen, als Marianne gerade drei gewesen war. Seitdem hatte ich nie wieder eine feste Beziehung gehabt.

»Sie werden noch mal heiraten«, verkündete Roxana plötzlich.

»Bitte was?«

»Einen Mann, den Sie schon sehr, sehr lange kennen. Er ist ganz nah bei ihnen.«

»Wer soll das denn sein? Das ist doch völliger Unsinn. Ich heirate nie mehr! Ganz sicher nicht.«

»Sie werden sehen«, sagte Roxana und sah mich scharf an.

Als wir wieder vor der Tür standen, prustete ich laut los. »Das war ja eine tolle Idee, Marianne. Für die fünfzig Euro wären wir lieber schön essen gegangen. Da hätten wir mehr von gehabt.«

Selbst meine vorher so enthusiastische Tochter zweifelte nach diesen Aussagen an den Fähigkeiten der Wahrsagerin.

Eine Woche später rief sie mich allerdings ganz aufgeregt an. »Stell dir vor, Mama: Die OP ist abgesagt!«

Bei einer weiteren Untersuchung hatten die Ärzte festgestellt, dass sich Mariannes Werte überraschenderweise verbessert hatten, und entschieden, dass eine Entnahme der Niere nun doch nicht nötig sei.

»Also hatte Roxana recht«, erklärte meine Tochter triumphierend. »Vielleicht heiratest du ja wirklich noch mal.«

»Jetzt lass aber die Kirche im Dorf. Ich bin solo und das bleibt auch so.«

Vor acht Monaten landete ich aber doch vor dem Altar – mit einem Mann, den ich schon sehr, sehr lange kenne. Karl und ich hocken nämlich seit fast dreißig Jahren im selben Büro. Er kannte meine ganze Geschichte: Die Probleme mit meinem Ehemann, die Scheidung, die erfolglosen Verabredungen danach … Wenn man sich über so viele Jahre gegenübersitzt, hat man nicht mehr viele Geheimnisse voreinander – dachte ich zumindest.

Vor ungefähr anderthalb Jahren fragte mich Karl: »Hättest du nicht mal Lust, mit mir ins Kino zu gehen?«

Wir hatten noch nie privat etwas gemeinsam unternommen – aber warum eigentlich nicht? Schließlich war er ein netter Kerl, und es würde mir guttun, mal wieder ein bisschen vor die Tür zu kommen.

In den folgenden Wochen sahen wir uns nicht nur einen Film an, sondern besuchten auch die neue Ausstellung im Museum der bildenen Künste, trafen uns auf einen Kaffee oder einen Spaziergang auf dem Promenadenring. Irgendwie war es ja doch schön, einen Mann in meinem Leben zu haben. Besonders, wenn er so gesellig war wie Karl. Ich sah ihn zum ersten Mal als faszinierenden Menschen, nicht nur als Kollegen.

An einem Sonntag saßen wir auf einer Parkbank im Grünen, als Karl meine Hand ergriff. »Es wäre doch schön, wenn wir ein richtiges Paar wären, oder?«

Ich schaute in seine graublauen Augen. Ja, das wäre schön, dachte ich mir. Aber das würde doch nur wieder schiefgehen! So wie alle Beziehungen. Für eine Gefühlsduselei würde ich unsere Freundschaft nicht aufs Spiel setzen. Ich zog meine Hand weg. »Ach, Karl. Ich mag dich wirklich gerne. Aber können wir nicht einfach Freunde bleiben?«

Wir gingen an diesem Nachmittag recht schnell getrennte Wege. Ich spürte, wie sehr meine Antwort ihn verletzt hatte. Am nächsten Tag im Büro schaute er mich komisch an, aber abends stand er plötzlich mit einem riesigen Rosenstrauß vor meiner Tür.

»Darf ich reinkommen?«, bat er.

»Natürlich«, erklärte ich überrascht.

Kaum, dass ich die Haustür geschlossen hatte, atmete Karl tief durch. »Wir kennen uns jetzt fast dreißig Jahre. Und in dieser Zeit hast du nie gehört, dass ich von einer anderen Frau geredet habe, stimmt's?«

»Stimmt.«

»Weißt du, warum das so ist?«

Ich schüttelte den Kopf.

»Weil ich dich liebe, Maria. Nur dich. Die ganzen Jahre über habe ich gehofft und gewartet, dass du das erkennst.«

Ich war perplex. »Aber warum hast du denn nie etwas gesagt?«, fragte ich atemlos.

Er lächelte. »Na das ist doch klar: Du bist meine Traumfrau und ich wollte es nicht vergeigen.«

»Und warum hast du mich dann schließlich doch ins Kino eingeladen?«

»Ich habe einen guten Freund, der all die Jahre von der Sache wusste. Er konnte mein ständiges Gejammer nicht mehr ertragen und hat mich gezwungen, Butter bei die Fische zu machen. Und das tu ich jetzt.«

Karl platzierte den Rosenstrauß auf der Kommode im Flur, legte seine Hände auf meine Schultern und küsste mich. Ich gab nach – schließlich hatte ich gerade die schönste Liebeserklärung meines Lebens gehört.

Nur fünf Monate später machte er mir einen Heiratsantrag, auf den ich strahlend mit »Ja!« antwortete. Als ich Marianne davon erzählte, sagte sie: »Siehst du? Roxana kann eben wirklich in die Zukunft sehen.«

»Roxana? Ach ja …« Den Besuch bei der Wahrsagerin hatte ich schon ganz verdrängt. Stand unsere Liebe etwa schon damals in den Sternen? Es muss ja wohl so sein.

Unser Glück hat meine Neugierde auf die Dinge geweckt, die hinter meinem Horizont liegen. Und ich kann gar nicht abwarten, sie nach und nach mit Karl zu entdecken.

ALTAR EGO

Sandy (26), Bäckerin, Karlsruhe
über
Felix (26), Altenpfleger, Karlsruhe

Es hätte der schönste Tag meines Lebens werden sollen. Ich hatte das Kleid gekauft und die Location gebucht, die fertigen Einladungen lagen auf meinem Schreibtisch. Das Einzige, was zur Traumhochzeit fehlte, war der Bräutigam – denn nach drei Jahren Beziehung hatte er mich kurz vor dem Gang zum Altar wegen einer anderen sitzen gelassen.

Heute ist mir natürlich klar, dass es vorher Warnsignale gab, aber wie wir Frauen nun mal sind, fand ich für alles, was er tat, eine Entschuldigung. Es war echt der Hammer, dass ich mir auch noch *seine* Ausreden überlegte!

Mein damaliger Verlobter holte gerade sein Abi nach. Dass er zu der Zeit so abweisend war, schrieb ich dem ganzen Stress zu. Zuletzt war er kaum noch zu Hause, aber ich sagte mir, dass sich unsere Mini-Wohnung auch nicht wirklich zur Prüfungsvorbereitung eignete. Wenn er erst das Abi in der Tasche hätte, würde alles anders werden!

Was mir mehr Sorgen bereitete, war die Tatsache, dass wir das Aufgebot noch nicht bestellt hatten. Seit Monaten versuchte mein Verlobter vergeblich, seine Geburtsurkunde aufzutreiben. »Der Fehler liegt bei den Beamten«, erklärte er mir. »Die kommen einfach nicht in die Pötte!«

Irgendwann rief ich wutentbrannt bei dem betreffenden Einwohnermeldeamt an, um den komischen Vogel anzupfeifen, der da seine Arbeit nicht hinbekam. Aber dort hatte man noch nie von meinem Verlobten gehört! Er war in dem Ort gar nicht registriert. Meine Hand zitterte, der Telefonhörer fiel klackernd auf den Fußboden. Natürlich stellte ich ihn gleich zur Rede, aber er log, dass sich das Parkett bog, und baute riesige rosafarbene Luftschlösser. Und ich Idiotin glaubte ihm.

Einen Tag später machte sich mein Nicht-mehr-Verlobter endgültig aus dem Staub. Als ich nach meiner Schicht heimkam, war er ausgezogen. Alle seine Klamotten waren weg, ans Handy ging er nicht. Ihm war es wohl zu brenzlig geworden. Später fand ich heraus, dass er sich schon seit sechs Monaten mit einer Studentin getroffen hatte. Gesprochen haben wir nie mehr miteinander – nur noch gestritten.

Ich kam mir so unendlich dumm vor. Warum hatte er mich in dem Glauben gelassen, wir würden heiraten? *Er* war es, der mir den Antrag gemacht hatte. *Er* hatte gesagt, er wolle mich lieben, in guten und in schlechten Zeiten. Es war alles *seine* Scheißidee gewesen!

Meine Zukunft zerbröselte in tausend nichtgreifbare Stückchen. Wochenlang heulte ich die Nächte durch. Für ihn hatte ich alles aufgegeben, war zwei Jahre zuvor sogar von Hessen nach Baden-Württemberg gezogen! Als ich meinem Ex und seiner neuen Freundin dann auch noch auf der Straße über den Weg lief, zog es mir völlig den Boden unter den Füßen weg. Strahlend hielt er ihre Hand. Es dauerte lange, bis ich dieses Bild wieder aus meinem Kopf bekam.

Kein Kerl würde mich je wieder so verarschen! »Ich bleibe Single – für den Rest meines Lebens«, schwor ich mir bei einer Flasche Rotwein. Die große Liebe? Das war doch alles nur ein Märchen.

Wenn meine Nachbarin nicht gewesen wäre, säße ich wohl jetzt noch in meinem dunklen, muffigen Trauerloch. Moni hörte mir stundenlang zu und sagte dann: »Weißt du was, Sandy? Es gibt ein Leben nach ihm. Du raffst dich jetzt auf und packst es an.«

Das war der perfekte Zeitpunkt für einen lange überfälligen Ego-Trip: Mein Traum war eine eigene Band – eine wie die finnische Gothic-Metal-Gruppe Nightwish, für die ich schon seit Ewigkeiten schwärmte. Vor einigen Monaten hatte ich sogar von einer passenden Band gehört, die aber im vierzig Kilometer entfernten Hockenheim probte. Eine Monats-Bahnfahrkarte dorthin hatte ich mir nicht leisten können – schließlich war eine Hochzeit teuer.

Jetzt waren die Festlichkeiten geplatzt, also rief ich die Gruppe an – und sie hatten tatsächlich noch keine andere Sängerin gefunden. Wow! Ich spürte, wie meine Mundwinkel zum ersten Mal seit Monaten nach oben wanderten. Moni hatte recht: Es *gab* ein Leben nach meinem Verlobten.

Das erste Treffen mit meiner Band hatte ich am Bahnhof Hockenheim. Als ich aus dem Zug stieg, stand dort statt einer ganzen Truppe nur ein einziger Typ – der mir komplett den Atem verschlug.

»Sandy? Ich bin Felix«, stellte er sich vor. Rein äußerlich war er das genaue Gegenteil von mir. Ich stehe auf Mittelalter und Gothic, mein Outfit an dem Tag war so schwarz wie mein langes Haar. Felix, der Gitarrist der Band, hatte blonde Locken, die im Nacken von einem Gummi zusammengehalten wurden. Er trug Jeans, ein Led-Zeppelin-T-Shirt und alte Chucks. Seine eisblauen Augen blickten freundlich zu mir herunter, denn er war locker einen Kopf größer als ich. Mann, war der toll! Aber nein, ich würde mich nicht verknallen. Auf gar keinen Fall! Der war bestimmt genauso ein Blödmann wie alle anderen auch. Kennste einen, kennste alle!

Während wir auf den Rest der Gruppe warteten, fragte ich Felix, ob der Bandleader streng sei. »Ich bin erkältet und weiß nicht, ob ich das Vorsingen heute so gut hinkriege.«

»Ach, du bist krank? Kannst mich ja anstecken. Dann muss ich nicht zur Berufsschule.«

»Los, lass uns rumknutschen!« (Hatte ich das wirklich gerade gesagt?)

Felix lief knallrot an. »Äh, ja, also….«

Ich habe einen Hang zu schüchternen Männern. Ihre Befangenheit weckt in mir den Jagdinstinkt. Und ein bisschen Spaß hatte ich mir doch eigentlich verdient, jetzt wo ich wieder der Single-Fraktion angehörte!

Im Laufe der nächsten Tage stellte ich fest, dass Felix und ich nicht nur äußerlich, sondern auch charakterlich grundverschieden waren – und uns dadurch prima ergänzten. Wenn ich vor Wut ausflippte, weil ich einen Ton nicht traf, blieb er gelassen und versuchte, mich zu beruhigen: »Komm, du schaffst das schon. Mach's gleich noch mal.«

Nach einigen Wochen wollte ich mit der Band meinen Einstand feiern. »Beim nächsten Mal bringe ich Bier für alle mit«, versprach ich den Jungs.

»Für mich aber bitte ein Malzbier«, bat Felix. Wollte der mich veräppeln? Später schickte ich ihm eine Nachricht über ICQ: »War das ein Witz oder stehst du wirklich auf Malzbier?« Wir chatteten hin und her, rissen einen blöden Spruch nach dem anderen. Das Ergebnis unserer Internet-Flirterei: Er würde nicht nur ein Malzbier, sondern auch eine Massage und einen Kuss bekommen. Ja klar!

Über das Bier freute er sich wie Bolle, und als wir schließlich in einer Ecke des Proberaums beieinandersaßen, massierte ich ihm auch ein bisschen die Schultern. Über den Kuss sprachen wir nicht.

Nach der Probe fuhren wir zu dritt zum Bahnhof. Ich saß hinten, Felix am Steuer, daneben unser Schlagzeuger Hansi. Hansi musste kurz aussteigen, um das schwere Rolltor der Garage zu öffnen. Jetzt oder nie! Ich beugte mich vor und drückte Felix einen Kuss auf die Wange. »Den habe ich dir noch geschuldet.«

»Jetzt darf ich aber auch mal«, erwiderte er und küsste auch mich auf die Wange, bevor Hansi wieder einstieg. Wir ließen uns nichts anmerken, aber mein Gesicht glühte vor Aufregung. Später schickte mir Felix eine SMS, die ich bis heute gespeichert habe: »Ich genieße jede Minute mit dir«, stand auf dem Display.

Bei unserem ersten Treffen unter vier Augen war es Zeit für die Wahrheit: Ich erzählte ihm von meinem Hochzeitsfiasko und machte gleich deutlich, dass mir momentan nicht der Sinn nach Verpflichtungen stand. Felix hatte es wirklich nicht leicht mit mir. Ich war überempfindlich und misstrauisch ohne Ende. Wenn er mir Komplimente machte, glaubte ich kein Wort. Meine Panik und ich, wir waren schon zwei harte Brocken.

Alles hat seinen Sinn – so lautet ein Sprichwort, das ich erst jetzt wirklich verstehe. Denn nur dadurch, dass mein Ex so ätzend war, weiß ich zu schätzen, wie wunderbar Felix ist. Er hört mir zu, bringt mich zum Lachen und holt mir meinen Lieblings-Schokopudding aus dem Kühlschrank, wenn ich kurz vor dem Einschlafen noch Lust auf etwas Süßes habe.

Ich mache jetzt vieles anders als in den Beziehungen davor. Zu oft habe ich erlebt, dass man sich nicht mehr viel zu sagen hat, nachdem die anfängliche Verliebtheit verpufft ist, aber Felix und ich sorgen dafür, dass es nicht so weit kommt: Einmal pro Monat gibt es ein Wir-Wochenende – ohne Handys oder Fernsehen. Da darf uns keiner stören, auch nicht meine beste Freundin. Felix und ich fahren dann in die Therme, spielen Brettspiele wie *Shaun das Schaf – Köttel-Alarm* (ich habe einen Schaftick) oder quatschen einfach miteinander. Es ist wichtig, dass das Rauschen des Alltags nicht die Stimme des Partners verschluckt.

Mit der Frage, die Felix mir vor drei Monaten stellte, hatte ich allerdings nicht gerechnet: »Willst du meine Frau werden?«

Ich wurde so steif wie eine Schaufensterpuppe. Überraschung, Freude, Angst, Zweifel – dieser Gefühls-Cocktail bereitete mir Magenkrämpfe. Mein Gehirn spulte zurück zum Heiratsantrag meines Exfreunds. Plötzlich stand ich wieder vor *ihm* und nicht vor Felix. Würde sich das alles wiederholen?

»Es tut mir leid«, sagte ich schließlich. »Das muss ich mir durch den Kopf gehen lassen.«

Das war natürlich nicht die Antwort, die sich Felix erhofft hatte. Er hielt meine Hände in seinen, schaute mich unbeirrt an und sagte: »Denk darüber nach. Ich meine es ernst. Du bist meine Partnerin, meine beste Freundin. Ich liebe dich über alles.«

Er ging und ich startete meinen Grübelmarathon. Wir waren gerade mal anderthalb Jahre zusammen. Was fiel ihm bloß ein? Ja, ich liebte ihn – aber noch einmal würde ich nicht durch diese Hölle gehen.

»Nein«, lautete meine Entscheidung. Zumindest die erste. Aber mein Herz, mein Bauch und sogar mein Kopf sagten: Du kannst doch nicht Felix für etwas bestrafen, das ein anderer getan hat! Und es stimmt: Felix *ist* ein ganz anderer Mensch als mein Ex. Ich kann mir keinen besseren Mann vorstellen.

Ich beschloss, ein für alle Mal einen Schlussstrich unter mein Liebespech zu ziehen. »Ja«, lautete darum meine zweite und endgültige Entscheidung. Die Enttäuschung über meinen Ex wird nicht den Rest meines Lebens beherrschen. Die Liebe ist viel zu schön, um den Glauben daran zu verlieren.

In zehn Monaten werden Felix und ich heiraten. Ganz, ganz sicher.

LIEBE STIRBT NICHT

Karin (69), Rentnerin, Hagen
über
Dieter (†67), Rentner, Hagen

Manchmal könnte ich die Wut kriegen. »Warum bist du eigentlich gegangen?«, schnauze ich Dieters Foto an.

Im Juni 2008 starb er an Bauchspeicheldrüsenkrebs – nach 46 gemeinsamen Jahren. Dieter war immer mein rettender Fels in der Brandung. Er hielt zu mir, als es kein anderer tat. Das werde ich ihm nie vergessen.

Im September 1962 wurde ich mit schlimmen Bauchschmerzen ins Krankenhaus eingeliefert. Ich glaubte an eine Blinddarmentzündung, aber der diensthabende Arzt konfrontierte mich mit einer unfassbaren Diagnose: »Sie sind im neunten Monat schwanger. Sie bekommen ein Kind – und zwar jetzt.«

Nur fünf Stunden später brachte ich Jörg zur Welt. Er war ein süßer Junge, aber es dauerte Tage, bis ich begriff, dass dieses Baby wirklich meines war. Von Dieter war es nicht, denn ihn kannte ich zu diesem Zeitpunkt erst seit gut sechs Wochen.

Ich hatte nur kurz einen Freund gehabt: ein hübscher Jugoslawe, der vor wenigen Wochen wieder in seine Heimat gezogen war. Ja, wir waren uns nähergekommen – aber es war doch nur einmal passiert!

Wie konnte ich schwanger gewesen sein, ohne es bemerkt zu haben? Das war doch nicht möglich! Natürlich hatte es Momente gegeben, in denen ich es geahnt hatte, aber ich hatte sie verdrängt: Meine Periode kam sowieso unregelmäßig, und als sie ausgeblieben war, hatte ich mich nicht wirklich darüber gewundert. In den folgenden Monaten hatte ich öfter Zwischenblutungen gehabt – ein Signal für mich, dass doch alles in Ordnung war.

Gesehen hat man nie etwas. Ich war groß und schlank und jobbte neben meiner Ausbildung als Model. Bis zur Geburt trug ich Größe 40, meine Sachen wurden nie zu eng. Selbst meine Schwester, mit der ich in einem Zimmer schlief, merkte nichts. Rumorte es mal im Unterleib, schob ich das auf den Abführtee, den ich jeden Abend trank. Als ich zur Karnevalsprinzessin von Hagen gewählt wurde, juxte der Prinz an meiner Seite: »Bist du etwa schwanger?« – weil ich während der Karnevalssitzungen die sauren Gurken von den belegten Brötchen klaute. Seinen Kommentar tat ich mit einem Lachen ab.

Sechs Wochen vor der Geburt machte ich mit einer Freundin eine Busreise nach Callela an der Costa Brava. Es gibt Bikini-Fotos von damals, auf denen ich gertenschlank bin. Im Bus lernten wir zwei nette Jungs kennen. Obwohl die beiden in einem anderen Hotel wohnten, trafen wir uns am Strand oder zum Tanzen. Dieter, der größere von beiden, gefiel mir. Mit meinen 1,75 Metern kam es selten vor, dass mich ein Mann überragte. Dieter war ernsthaft und sehr erwachsen, das faszinierte mich gleich. Er trat immer korrekt auf, seine Hemden waren frisch gebügelt, der Kniff in den Hosen saß perfekt.

»Darf ich dich mal zu Hause besuchen?«, fragte er am Ende der zwei Spanienwochen.

»Gerne!«, antwortete ich – schließlich wohnte Dieter nur drei Kilometer entfernt von mir in Vorhalle. Als er mich bei einem unserer Rendezvous zum ersten Mal küsste, ging mir durch den Kopf, was ich auch auf der Busfahrt gespürt hatte: Das ist dein Traummann!

Doch nach der plötzlichen Geburt hatte ich riesige Angst, ihn zu verlieren. Ich ruhte mich gerade im Krankenhaus aus, als es an der Tür klopfte. Eine Schwester kam herein: »Hier ist ein Herr, der Sie sprechen möchte.«

Ich zupfte das Nachthemd zurecht, das mir meine Mutter in der Eile geliehen hatte, und richtete mich auf. Dieter stand in der Tür. Mein Gesicht wurde rot vor Scham.

Da ich in einem Mehrbettzimmer lag, setzten wir uns an einen der Tische auf dem Flur. Alles war so schnell gegangen, dass ich keine Zeit mehr gehabt hatte, Dieter zu benachrichtigen. Er hatte von meiner Mutter erfahren, dass ich im Krankenhaus lag, und war voller Sorge herbeigeeilt. Erst am Klinikempfang hatte er herausgefunden, dass ich auf der Wöchnerinnenstation lag. Mir war klar, dass er jetzt Schluss machen würde. »Eigentlich gibt's ja gar nicht mehr viel zu bereden, oder?«, begann ich und schaute ihm in die Augen.

Dieter war fix und fertig. »Ich verstehe das alles nicht. Wie kann es denn sein, dass du das Kind nicht gespürt hast?«

»Hast du es denn geahnt, als wir in Spanien waren?«

»Nein …«

Ich erklärte ihm, wer der Vater des Babys war, und konnte meine Tränen nicht mehr zurückhalten. Eine Schwester kam herüber, nahm Dieter am Arm und bugsierte ihn sanft auf den Stuhl neben mir.

»Ich würde gerne darüber nachdenken«, sagte Dieter. »Ist es in Ordnung, wenn ich noch mal wiederkomme?«

»Das hat doch keinen Zweck«, protestierte ich. Welcher Mann würde denn bei einer Frau bleiben, die aus heiterem Himmel ein Kind von einem anderen bekommt?

Die Antwort: Dieter.

Am nächsten Tag spazierte er mit einem riesigen Strauß roter Rosen ins Zimmer. »Ich habe es mir überlegt. Ich würde gerne mit dir zusammenbleiben, wenn du das auch willst. Jörg kann doch mit mir als Vater aufwachsen. Für mich wäre das kein Problem.«

Obwohl viele im Ort mit dem Finger auf mich zeigten, ging Dieter strahlend mit mir und Jörg spazieren. Stolz steckte er mir 1963 einen Ehering an.

Dieter hat mich immer umsorgt. Obwohl wir sparen mussten, schenkte er mir zum Geburtstag langstielige rote Rosen und brachte mir jeden Freitag, wenn er sein Gehalt bekommen hatte, meine heißgeliebten Salmiakpastillen mit. Als wir später ein Haus gebaut hatten, verbrachten wir viel Zeit im Garten. Ganze Wochenenden lang legten wir neue Beete an oder pflanzten Bäume.

Dieter hat sein Versprechen wahr gemacht und Jörg wie einen eigenen Sohn aufgezogen. Die beiden sind sich so ähnlich, dass meine Schwiegertochter Sabine sagt: »Manchmal habe ich das Gefühl, Dieter vor mir zu haben.« Jörg gibt bei allem, was er tut, 150 Prozent – genau wie sein Vater.

Wir waren glücklich – bis Dieter im Herbst 2007 zum ersten Mal über Magenprobleme klagte. Als es immer schlimmer wurde, machte er einen Termin beim Hausarzt, der ihn zum Spezialisten überwies. Und der fand einen Tumor an der Bauchspeicheldrüse.

Es war natürlich ein Schock für uns, doch wir versuchten, Ruhe zu bewahren. Nach dem Eingriff sah auch alles gut aus: Die Ärzte konnten den kleinen Tumor problemlos entfernen. Ich war ja so erleichtert! Nach einer vorbeugenden Chemotherapie ging Dieter drei Wochen lang zur Kur. Er sah gut aus, als er zurückkam: schlank, fit, entspannt. Wir feierten Weihnachten mit Jörg, Sabine und unseren drei Enkelkindern – ein wunderschönes Fest.

Doch im Februar 2008 kamen die Magenschmerzen zurück. Eine weitere Horror-Diagnose folgte: Dieter hatte ein Blutgerinnsel im Körper, das bis zum Herzen gewandert war. Er schwebte in Lebensgefahr! Ich spürte, wie seine Tapferkeit langsam schwand, sah die Angst in seinen Augen. Jetzt war ich diejenige, die ihm Halt bieten musste. Wir würden das zusammen durchstehen!

Das Blutgerinnsel wurde erfolgreich beseitigt und drei Tage später saß Dieter unruhig auf dem Bettrand. »Ich will hier raus. Mir geht's gut.« Dieter war immer gesund gewesen, in Krankenhäusern hielt er es nicht lange aus. Trotzdem musste er nach wenigen Tagen dorthin zurück – es ging einfach nicht mehr. Als ich ihn eines Morgens besuchen wollte, berichtete mir die Schwester: »Ihr Mann musste letzte Nacht operiert werden.« Schon wieder! Diesmal war ein Darmverschluss die Ursache. Aber viel schlimmer: Bei dem Eingriff stellten die Ärzte fest, dass der Krebs gestreut hatte. Metastasen – überall.

»Ihr Mann ist sehr, sehr krank«, erklärte mir die Ärztin. »Er wird das nächste Weihnachtsfest nicht mehr erleben.« Ich wäre in dem Moment fast zusammengebrochen. Sabine, selbst gelernte Krankenschwester, drückte mich an sich. Gemeinsam beschlossen wir, Dieter nicht zu sagen, wie aussichtslos sein Zustand war. Die Ärzte planten, ihn medikamentös so weit aufzubauen, dass er die verbleibende Zeit ohne allzu große Qualen überstehen würde.

»Soll Ihr Mann ins Sterbehospiz oder kümmern Sie sich um ihn?« Als mir die Ärztin diese Frage stellte, schossen mir die Tränen in die Augen. Überlegen musste ich nicht. Es war ganz klar: Dieter würde seine letzten Tage bei mir verbringen. Ich richtete ihm einen eigenen Raum neben unserem Schlafzimmer ein, mit einem großen Flachbildfernseher, auf dem er seine Sportsendungen verfolgen konnte. Sabine und eine Caritas-Schwester halfen mir, ihn zu pflegen. Dieter bekam täglich Schmerzpflaster und Spritzen und wurde an einen Tropf angeschlossen, als er kein festes Essen mehr bei sich behalten konnte.

Er war schwach, konnte kaum mehr aufstehen, aber er wollte unbedingt noch einmal in den Garten. Diesen Wunsch erfüllte ich ihm und stützte ihn auf dem Weg nach draußen. Als Dieter auf dem sonnenwarmen Rasen stand, lächelte er. Es war schön, ihn noch einmal so glücklich zu sehen.

Am 6. Juni 2008, nachts um ein Uhr, hörte Dieters Herz auf zu schlagen. Als er den letzten Atemzug machte, hielt ich seine Hand. Eine halbe Stunde blieb ich allein bei ihm, streichelte sein Gesicht und bedankte mich für die Geborgenheit, die er mir in all den Jahren geschenkt hat. Ihn zu verlieren, tat irrsinnig weh. Wenigstens konnte ich mich noch von ihm verabschieden – anderen Menschen ist das nicht vergönnt. Erst nach dieser halben Stunde rief ich Sabine an, die den Leichnam für die Einäscherung vorbereitete.

Wochenlang meinte ich, Dieters Stimme zu hören: »Karin!« Ich schreckte hoch und wollte in sein Zimmer rennen, bis mir einfiel: Da war ja keiner mehr.

Ich vermisse Dieter sehr, aber ich versuche, mich nicht von der Trauer unterkriegen zu lassen: Dienstags gehe ich mit meiner großen Enkelin schwimmen, alle 14 Tage treffe ich mich mit Freundinnen zum Quatschen und ab und zu springe ich in einer Boutique als Verkäuferin ein.

Ich bin niemand, der jeden Tag zum Grab rennt. Schließlich kann ich Dieter auch zu Hause ganz nah sein. Manchmal packt's mich aber doch und ich besuche seine Urne. Sie ist auf keinem gewöhnlichen Friedhof begraben, sondern im Ruheforst von Hagen, einem herrlichen Wald. Dort kann man einen Baum kaufen, in dessen Schatten der Tote beigesetzt wird. Statt einem wuchtigen Grabstein gibt es nur eine kleine Namensplakette, die am Stamm befestigt ist.

Es ist ein friedlicher Ort, an dem Vogelgezwitscher und das Rauschen der Blätter regieren. Dieter hätte das gefallen. Am liebsten sitze ich auf der Bank vor seinem Ahornbaum. Wenn im Frühling die Natur zu neuem Leben erwacht, denke ich: Ob es möglich ist, dass wir alle noch mal zurückkommen? Vielleicht als Marienkäfer ... Zusammen mit Dieter würde ich noch hundert Leben leben wollen.

ICH SEH DOPPELT!

Thomas (41), Ethnologe, Berlin
über
Katrin (36), Soziologin, Berlin

Große Augen, sinnliche Lippen, tolle Kurven. Ich dachte: Meine Fresse ... und verliebte mich auf der Stelle. 1998 war ich Student an der Berliner Humboldt-Uni, nebenbei jobbte ich in der Bibliothek für Europäische Ethnologie. Ich stand wie immer am Tresen, als mir diese Wahnsinnsfrau ihren Ausleihausweis entgegenstreckte.

Mehr als ein »Hallo« brachte ich nicht raus, dafür war ich viel zu überwältigt. Als sie weg war, warf ich einen Blick in ihr Büchereikonto: Marion hieß sie, war vier Jahre jünger als ich und in meinen Augen die perfekte Frau. Von dem Tag an hoffte ich inständig, dass sie bald wieder vorbeikommen würde, aber das tat sie nicht. Wochenlang ließ sie sich nicht blicken, deshalb beschloss ich, dem Schicksal einen kleinen Schubs zu geben, indem ich ihr eine Nachricht schickte.

Ein »Ich find dich irre gut« erschien mir allerdings zu plump. Ich hatte einen anderen Plan, in den ich die Sekretärin einweihte: »Ich habe mich in eine Kommilitonin verliebt. Ist es okay, wenn ich ihr einen Brief mit dem offiziellen Stempel der Bibliothek schicke?« Gerührt willigte meine Kollegin ein und ich ging ans Werk. Ich machte Fotos vom grünen Innenhof der Bibliothek und einem Bücherregal und klebte sie auf eine selbst gebastelte Karte aus Karton- und Pergamentpapier. Daneben stand der folgende Text:

Sehr geehrte Kundin,

laut unserer Statistik waren Sie schon lange nicht mehr hier – dabei ist unser Haus doch die schönste Bibliothek im Herzen der Stadt! Es würde uns sehr freuen, Sie bald wiederzusehen.

Mit herzlichen Grüßen,
Ihr Bibliotheks-Team

Die Karte war mit so viel Liebe gebastelt, dass Marion sofort erkennen *musste*, dass dies kein Standardbrief war. Ich malte mir aus, wie sie ihn lesen und dann von Neugier getrieben bei mir auftauchen würde.

Fehlanzeige: Es vergingen Wochen, ja Monate, in denen ich sie nicht sah. Ich war enttäuscht. Da hatte ich mir so etwas Spezielles ausgedacht, und dann reagierte meine Auserwählte null darauf. Irgendwann radelten Marion und ich in der Stadt aneinander vorbei. Es war ein echter Schlüsselmoment: Ich schaute ihr genau in die Augen, aber sie sah mich nicht. Und ich dachte: Das passt! Diese Frau hat mich nie wahrgenommen. Auch wenn es wehtat, machte ich einen Haken unter die Geschichte. Schließlich gab es in Berlin auch noch andere Mädchen.

2001 nahm ich nach langem Hadern einen Job im Rheinland an. Ich zog nach Köln und pendelte von dort aus täglich ins benachbarte Bonn, wo ich als wissenschaftlicher Angestellter in einem Museum arbeitete. Jeden Morgen stieg ich in den Regionalexpress um 7.18 Uhr, doch an einem Gründonnerstag verspätete ich mich und schaffte erst die Bahn um 7.40 Uhr. In letzter Minute sprang ich in den Wagon – und sah im Augenwinkel eine schöne Frau. Ich glaube, das ist eine typisch männliche Fähigkeit: Unser Schöne-Frauen-Radar funktioniert innerhalb von Millisekunden.

Ich suchte mir einen Sitzplatz, von dem aus ich einen guten Blick auf die Fremde hatte. Als ich genau hinschaute, zischte ein Stromschlag durch meinen Körper: Das war doch Marion aus Berlin! Die Augen, der Mund, das schulterlange Haar ... Während ich völlig aufgelöst dasaß, starrte Marion an mir vorbei – als würde sie mich gar nicht kennen! Das konnte ich nicht auf mir sitzen lassen. Ich stand auf und ging zu ihr.

»Hallo! Wir kennen uns doch!«

Ich erntete einen verstörten Blick. »Äh, ich glaube nicht, dass wir uns schon mal gesehen haben.«

»Na klar! Weißt du nicht mehr? Ich habe in der Bibliothek für Europäische Ethnologie hinterm Tresen gearbeitet.«

»Ah, jetzt verstehe ich«, antwortete sie. »Du meinst meine Zwillingsschwester! *Die* studiert in Berlin.«

Diese Frau war nicht nur gefühlskalt, die wollte mich jetzt auch noch auf die Schippe nehmen! Doch nach ein paar erklärenden Sätzen dämmerte mir, dass sie die Wahrheit erzählte: Vor mir saß nicht Marion, sondern Katrin, ihr eineiiger Zwilling. »Solche Verwechslungen sind uns schon öfter passiert«, erzählte sie lachend.

Wir unterhielten uns und fanden dabei heraus, dass Katrins Büro nicht weit von meinem entfernt war. Am Bonner Hauptbahnhof nahmen wir deshalb dieselbe Straßenbahn. Sie stieg zwei Stationen vor mir aus und verabschiedete sich mit einem freundlichen »Mach's gut!«.

Am Osterwochenende erzählte ich meinem Bruder von der Begegnung mit Katrin: »Die Hoffnung stirbt zuletzt, Keule«, sprach er mir Mut zu. Unser Treffen war mehr als ein Zufall. Ich bekam eine zweite Chance auf die Frau meiner Träume! Dieses Mal würde ich es nicht vermasseln.

Am Dienstag gab ich alles, um Katrin wiederzusehen: Ich war um 7.40 Uhr am Bahnsteig und stand genau an derselben Stelle wie fünf Tage zuvor. Die Rechnung ging auf: Katrin erschien, und während der zwanzigminütigen Fahrt herrschte große Sympathie zwischen uns. Von da an fuhren wir ein paarmal gemeinsam zur Arbeit, doch erst beim dritten Mal tauschten wir unsere dienstlichen E-Mail-Adressen aus. Ich war Feuer und Flamme, aber Katrins Gefühle mir gegenüber schienen nur lauwarm zu sein. Ich wusste ja nicht, dass sie sich ein halbes Jahr zuvor von ihrem langjährigen Freund getrennt hatte und ein Neuversuch nicht ganz ausgeschlossen war. Außerdem hatte sie noch einen anderen äußerst engagierten Verehrer am Rockzipfel. Daher war ich zu diesem Zeitpunkt wohl ein bisschen zu viel für sie.

Eines Nachmittags schrieb Katrin mir dann doch eine Mail: »Ich nehme die Bahn um 17.15 Uhr nach Köln. Fahren wir zusammen?«

So oft es ging, machten wir uns in den nächsten Wochen gemeinsam auf den Hin- und Rückweg – und im April verabredeten wir uns endlich zu einem Date in Köln. Der Abend endete im Rathenaupark. Katrin saß in ihrem Ledermantel neben mir auf der Bank, ich strich über das weiche Material, dann über ihre Wange. Unser erster Kuss war irrsinnig schön – ganz im Gegensatz zu dem Kommentar, mit dem mir Katrin am nächsten Tag die romantische Stimmung verdarb: »Lass uns die Uhr zurückdrehen.« Anscheinend ging ihr das mit uns zu schnell.

»Nein, das will ich nicht«, protestierte ich. Nur Freunde sein wie bisher? Das reichte mir nicht mehr.

Doch anscheinend landete ich nach diesem Kuss wieder in Katrins Kumpel-Schublade. An einem Nachmittag verabredeten wir uns zur gemeinsamen Heimfahrt, aber sie erschien nicht auf dem Bahnsteig. Eine Weile wartete ich noch, aber sie tauchte nicht auf. Das war ja wohl deutlich! Ob bei diesen Zwillingen das Männerveräppeln genetisch veranlagt war? Ich hatte auf jeden Fall keine Lust darauf. Ein Kumpel gab mir recht: »Lass sie bloß sausen. Die ist es nicht wert.«

Am folgenden Wochenende quatschte mir Katrin reumütig den Anrufbeantworter voll: »Thomas, es tut mit leid. Mein Chef hat kurzfristig ein Meeting anberaumt und ich musste länger bleiben. Ich hab bei dir im Büro angerufen, aber du warst schon weg!«

Etwas später: »Thomas, bitte ruf mich an!«

Noch später: »Och, Thomas, sei nicht beleidigt. Es war keine Absicht. Melde dich!«

Bis Sonntagmittag ließ ich sie zappeln, dann erst rief ich zurück. Trotz Regen machten wir einen Spaziergang und saßen danach wie zwei begossene Pudel in einem Café in der Kölner Südstadt. Wir schauten uns tief in die Augen, berührten uns oft – natürlich »rein zufällig«.

Katrin, die gebürtig aus München stammt, erklärte: »Weißt du was? Ich würde so gerne mal für einen Tag ins Ruhrgebiet fahren.«

Wieder einer dieser schicksalhaften Zufälle! Auch ich war Ruhrpott-Fan, hatte mir vom Tourismusverband schon jede Menge Material schicken lassen.

»Aber ein Tag reicht nicht«, meinte ich. »Da brauchen wir mindestens zwei Tage.« Katrin nickte zustimmend.

Ich reservierte ein Zimmer im Haus Union, einem Hotel mit Jahrhundertwende-Charme in Oberhausen. Am 9. Mai brachen wir auf – seitdem feiern wir ihn als unseren »Zusammenkomm-tag«.

An diesem Samstag vor über sieben Jahren schlenderten wir stundenlang durch Oberhausen. Erst besichtigten wir den Gasometer, stiegen zu Fuß die 592 Stufen bis zum Dach hinauf. »Komm, ich zieh dich hoch«, bot ich Katrin an, als wir es fast geschafft hatten. Sie ergriff meine Hand, es prickelte wie verrückt. Am Rhein-Herne-Kanal unter den Hochspannungsmasten legten wir uns schließlich auf ihren Mantel.

»Wo schlafen wir eigentlich?«, fragte Katrin.

»Selbstverständlich getrennt: Jeder in einer Kipplore, du in Castrop, ich in Rauxel«, flachste ich.

Aber dann war Katrin doch froh, dass ich nur *ein* Zimmer gebucht hatte. Unsere erste gemeinsame Nacht werde ich nie vergessen: Mein Herz raste, und noch heute weiß ich genau, wie sich ihre Haut unter meinen Fingerspitzen anfühlte. Wir waren endlich ein Paar – das hätte ich am liebsten in die ganze Welt hinausgeschrien! Bei Katrin habe ich all das gefunden, wonach ich immer gesucht habe: Sie lässt keine meiner Sehnsüchte offen.

Ein halbes Jahr später traf ich zum ersten Mal ihre Zwillingsschwester. »Schön, dich zu sehen!«, begrüßte Marion mich überraschend herzlich, aber in Versuchung kam ich bei ihr nie wieder. Vom Wesen her würden wir auch absolut nicht zusammenpassen. Ich glaube, unser erstes Treffen in Berlin war eine Vorsehung: Gott wollte mir zeigen, wie meine zukünftige Frau aussieht.

Katrin und ich heirateten genau fünf Jahre nach unserer Ruhrgebiets-Tour am 9. Mai 2007. Inzwischen wohnen wir mit unserem Sohn, fünf Jahre, und unserer Tochter, zwei, in Berlin.

Als ich Katrin kennenlernte, war ich 33 und hatte natürlich schon längere Beziehungen hinter mir. Doch bei den anderen Frauen dachte ich immer, es würde dazugehören, dass man sich auf die Nerven geht. Hätte ich gewusst, wie schön wahre Liebe ist, wäre ich bis zu unserem Treffen Single geblieben. Katrin macht mich so glücklich wie keine andere.

UNTER DIE HAUT

Nadine (23), Technische Zeichnerin, Rottweil
über
Alex (21), Auszubildender, Rottweil

Alex geht mir unter die Haut. Schon einen Monat, nachdem wir uns kennengelernt hatten, ließ ich mir den Anfangsbuchstaben seines Namens auf den linken Fuß tätowieren. Ich wusste, dass er so lange bei mir bleiben würde wie die Tinte unter meiner Haut – für immer. Seine braunblonden, schulterlangen Dreadlocks, die daumennagelgroßen Plugs in seinen Ohrläppchen, der Lippenring, die Tattoos, die über seine Arme wandern – Alex ist wie eine Naturgewalt, die mich komplett verschluckt hat. Er fasziniert mich wie kein anderer Mensch.

»Bitte nicht erschrecken«, warnte ich meine Mutter, bevor ich ihn zum ersten Mal mit nach Hause brachte, weil ich wusste, dass sein Aussehen für viele Menschen gewöhnungsbedürftig ist. »Er hat ein gutes Herz«, fügte ich hinzu.

»Das Aussehen ist doch egal. Wenn er dich mag, mag ich ihn auch«, antwortete Mama und zeigte mir damit mal wieder, warum ich sie so sehr liebe.

Ich lernte Alex über MySpace kennen. Nachdem ich auf der Seite eines Tattoostudios eine Nachricht hinterlassen hatte, schickte er mir eine Mail: »Von denen kannst du dich ruhig piercen lassen, die arbeiten gut.« Wir schrieben uns ein paarmal. Es ging um unser Leben, Musik – und natürlich Tattoos. »Nur wenige Menschen verstehen, dass es mir nicht darum geht, damit aufzufallen. Ich möchte einfach nur ich selbst sein«, schrieb Alex in seinem Profil. Seine Gedanken und sein Mut gefielen mir. Sein Foto ging mir nicht mehr aus dem Kopf.

Ich bin ein absoluter Familienmensch und hatte in den letzten Jahren krampfhaft jemanden gesucht, der zu mir passte. Und Alex war so einer! Aber ich dachte nicht im Traum daran, mich mit ihm zu treffen, auch wenn er nur 15 Kilometer entfernt wohnte. Für mich war er unerreichbar. Nie hätte ich mir erlaubt zu hoffen, dass er sich wirklich für mich interessieren könnte.

Bis zu dem Abend, an dem mich meine Cousine Sarah überredete, mit ihr auszugehen. Eigentlich wäre ich lieber zu Hause geblieben, aber Sarah wollte unbedingt zu einer WG-Party in Freiburg – und zwar nicht allein. Weil ich eine gute Cousine bin, ließ ich mich breitschlagen und kam mit. Allerdings war die Stimmung bei der Feier so minimal, dass wir uns schon um elf Uhr wieder auf den Heimweg machten. Wir fuhren über Donaueschingen, wo der Schriftzug des Delta Tau Chi grell in die Nacht hinausstrahlte. Eine Disco, in der die Luft aus Zigarettenrauch besteht und donnernder Independent die Wände vibrieren lässt. Mein Gott, in dem Schuppen war ich schon eine halbe Ewigkeit nicht mehr gewesen!

»Komm, wir gehen rein! Nur auf eine Cola«, bettelte Sarah. »Wenn es doof ist, können wir ja gleich wieder abhauen.«

Na gut. Sie setzte den Blinker und kurvte auf den Parkplatz. Eine Minute später standen wir an der Kasse. Aus dem Augenwinkel sah ich braunblonde Dreadlocks an mir vorbeiwandern. »Zahl für mich, ich komme gleich wieder«, raunte ich Sarah zu. »Ich muss mal schnell was nachschauen.« Ich tauchte in die Menge, den Dreadlocks hinterher. Solche Spontanaktionen waren sonst gar nicht meine Art, aber mich durchschoss ein so intensives Kribbeln, wie ich es noch nie erlebt hatte: Alex ist da!

Ich musste ihn finden. Doch es war dunkel und voll, und sein Kopf verschwand zwischen den vielen anderen. Ich suchte ihn auf der Tanzfläche, vor den Toiletten – Fehlanzeige. Im Hinterzimmer endlich die Erlösung: An der Bar erspähte ich eine Hand mit tätowierten Fingern, die eine Bierflasche umklammerte. Das musste er sein!

Eigentlich bin ich schüchtern, aber das Adrenalin machte mir Mut. Tapfer ging ich hin und tippte ihm auf die Schulter. Alex drehte sich um. Im Gedränge berührten sich unsere Hände fast.

»Weißt du, wer ich bin?«, fragte ich hoffnungsvoll.

»Klar. Du bist Nadine«, sagte er und seine Vollmilchschokoaugen blickten in meine.

Alex ließ seine Freunde stehen, ich meine Cousine. In einem ruhigeren Nebenraum redeten wir bis um vier Uhr morgens. Er erzählte, dass er auf der Fahrt zur Disco noch von mir gesprochen habe: »Vielleicht läuft sie mir ja irgendwann mal über den Weg«, hatte er zu einem Kumpel gesagt. Jetzt war es wirklich passiert. Kurz vor Sonnenaufgang verabschiedeten wir uns. »Darf ich dich anrufen?«, fragte er und gab mir einen sanften Kuss auf die Wange.

Das liegt jetzt fast drei Jahre zurück. Seitdem waren wir nie länger als eine Woche am Stück getrennt. Bei unserem echten *richtigen* Kuss wäre ich fast ohnmächtig geworden, weil es so schön war. Alex und ich lagen Hand in Hand auf dem Bett in meinem Jugendzimmer, mein Kopf an seiner Brust. Ich schloss die Augen – da war Alex' Herzschlag und sonst nichts. Wir schwiegen. Das ist das schönste Gefühl: Wenn man nicht jede Sekunde mit Gesprächsfetzen füllen muss. Wenn wortlose Momente nicht peinlich, sondern sinnlich sind. Irgendwann beugte sich Alex zu mir und ich spürte seine Lippen auf meinen.

Das ist meine große Liebe, wurde mir da bewusst.

»Willst du meine Freundin werden?«, fragte Alex ganz kitschig, und ich, die alte Realistin, fühlte mich wie in meinem persönlichen Märchen.

Nach zwei Wochen zog er zu mir in mein Zimmer, weil er Stress mit seiner Mutter hatte. Ich räumte extra eine Schublade für ihn frei. Meine Freunde lästerten, weil alles so schnell ging: »Das wird nie klappen!«, waren sie überzeugt. Sieben Monate später suchten wir uns eine eigene Wohnung. Beim Streichen der Küche landeten quietschgrüne Farbspritzer in Alex' Dreadlocks. Mein Vater murrte: »Und in drei Monaten muss ich dann wieder einen Umzug organisieren.« Aber er hatte unrecht – so wie alle, die an unseren Gefühlen gezweifelt haben. Alex und ich sind noch immer zusammen. Und wir werden es auch bleiben.

Bei Alex bin ich angekommen. Darum habe ich mir inzwischen mein wichtigstes Tattoo stechen lassen. Ich hatte vorher schon einige: die Initialen meiner Schwestern im Nacken – L für Lisa und M für Marleen –, ein Tribal am Bauch, ein Blumenmädchen auf der Wade. Mit einem Spruch aber wollte ich warten, bis der Richtige kommt: »Und einmal, mein Herz, wirst auch du ruhen«, steht jetzt auf meinem Dekolletée. Ich mag die Doppeldeutigkeit dieses Satzes. Einerseits ist natürlich der Tod gemeint, aber andererseits der innere Frieden. Denn mein Herz hat endlich aufgehört zu suchen.

Ein Leben ohne Alex kann ich mir nicht mehr vorstellen. Darum heiraten wir in zwei Monaten. Den Antrag hat er mir eines Abends im Bett gemacht: Wir dösten in gewohnter Kuschelposition – er mit dem Rücken zu mir, ich ganz eng dahinter – und da drehte er sich plötzlich um, machte die Nachttischlampe an und fragte mich, ob ich ihn heiraten wolle. Einfach so. »J-Ja«, stammelte ich verdattert.

Als ich am nächsten Morgen aufwachte, war ich mir nicht sicher, ob ich das Ganze vielleicht doch nur geträumt hatte. »Hast du mich gestern gefragt, ob ich dich heiraten will?«, wollte ich von dem noch sehr verschlafenen Alex wissen.

»Ja«, sagte er, auf einmal hellwach. »Willst du denn immer noch?« Statt einer Antwort robbte ich zu ihm hinüber und hielt ihn so fest ich konnte. Einen Ring hatte er an dem Tag nicht für mich, denn die lassen wir uns tätowieren.

Mein Hochzeitskleid ist gerade fertig geworden. Meine Mama hat es nach einem Vogue-Schnittmuster genäht. Zwei Wochen lang hat sie jeden Abend daran gesessen, jetzt ist es perfekt: bodenlang und weit ausgestellt, mit einer gerafften Taille. Feine Spitze umrahmt den V-Ausschnitt und zieht sich bis über die langen Ärmel. Wenn ich es anprobiere, kann ich unseren großen Tag kaum noch erwarten.

Alex wird einen Frack mit Schwalbenschwanz tragen, schwarz und edel. Damit es nicht zu klischeehaft wird, haben wir uns speziellen Ohrschmuck bestellt: schwarze Plugs für Alex, so wie er sie bei unserem ersten Treffen trug, violette Amethyste für mich.

Auf eine Hochzeitsreise verzichten wir – für unseren großen Traum: Wir wollen ein eigenes Tattoostudio eröffnen, in drei Jahren, wenn Alex mit seiner Ausbildung zum Industriemechaniker fertig ist. Die Ausbildung hat er seinen und meinen Eltern zuliebe begonnen – sie wollten, dass er erst »etwas Anständiges« lernt. Für den Job musste er sich von seinen Dreadlocks trennen, die ich ziemlich vermisse. Aber am Wochenende übt er schon in einem anderen Studio das Tätowieren – und er ist richtig gut.

Wir haben sogar schon ein Ladenlokal im Auge. Bei uns in Rottweil gibt es ein Geschäft, das ständig den Besitzer wechselt – und hoffentlich wieder leer steht, sobald wir uns selbstständig machen. Für unsere Pläne wäre es ideal! Alex und ich drücken uns oft die Nasen am Schaufenster platt und überlegen, wie es mal sein könnte: Er tätowiert und ich pierce.

Wir schaffen das schon, da bin ich mir ganz sicher. Schließlich hat Alex mir bewiesen, dass es sich lohnt, an die große Liebe zu glauben – und an noch so vieles mehr.

WAS SICH HASST,
DAS LIEBT SICH

Bettina (38), Lehrerin, Frankfurt
über
Gunter (40), Geschäftsführer, Frankfurt

Ich habe im Zeichenkurs einen verrückten Typen kennen-gelernt«, verkündete mir meine beste Freundin. Es war 1990, wir gingen in die zwölfte Klasse. Der verrückte Typ hieß Gunter, machte gerade eine Schreinerlehre – und ging mir von der ersten Sekunde an auf den Wecker. Immer musste er alles anders machen als der Rest der Welt. Das war schon fast krankhaft: Er kam prinzipiell zu spät zu jeder Verabredung, tauchte manchmal mitten in der Nacht bei meiner Freundin auf und brachte als Geschenk auch mal eine selbst gezimmerte Bank mit. »Kann der nicht einmal normal sein?«, fragte ich genervt. Mann, war der anstrengend!

Die Abneigung war übrigens gegenseitiger Natur: Auch Gunter fand mich nicht wirklich prickelnd. Gegenüber meiner Freundin lästerte er über die Esoterik-Musik, die ich hörte, und über meine Naivität. »Mit der kann man doch gar nicht ordentlich reden!«

Nach dem Abi ging meine Freundin nach Schottland. Gunter und ich brachten sie gemeinsam zum Flughafen, und ich glaubte, ihn für immer los zu sein. So war es auch fast. Erst Jahre später liefen wir uns auf einer Party wieder über den Weg. Gunter machte sich gleich wieder unbeliebt: »Mensch Bettina, du hast aber auch die langweiligsten Klamotten von allen an.«

Ich konnte es nicht fassen. Was für ein Ekel! Wutschnaubend erzählte ich meinem damaligen Freund von der Begegnung: »So etwas Schlimmes hat noch kein Mann zu mir gesagt!«

Er fand meine Reaktion merkwürdig: »Es ist schon komisch, dass du dich so darüber aufregst, wo dir der Typ doch angeblich schnurzegal ist.«

»Ach, hör auf«, protestierte ich. »Was soll ich denn mit dem?«

Ich war stinksauer auf Gunter und deshalb froh, dass ich ihn eine gefühlte Ewigkeit nicht mehr sah. Das lag größtenteils an der fast eheähnlichen Beziehung, in der ich sieben Jahre lang steckte: Mein Freund und ich gingen nicht auf wilde Partys, waren am Wochenende lieber mit unserem VW-Bus unterwegs. Doch irgendwann hatte es sich ausgeliebt, und im September 2001 machten wir Schluss. Zur Feier meiner neuen Freiheit tauchte ich ins Nachtleben ein.

Und wen traf ich dort? Natürlich Gunter. Er war allerdings nicht nervenaufreibend, sondern einfach nur unterhaltsam. Es wurde ein großartiger Abend, an dessen Ende mich eine Freundin fragte: »Wie hast du es nur so lange ohne Gunter und seine Kumpels ausgehalten?«

Irgendwie fand ich ihn ja schon interessant, aber mir war klar, dass wir viel zu verschieden waren, um jemals zusammenzupassen. Daher betrachtete ich Gunter nie ernsthaft als Flirtmaterial.

Einen Tag nachdem wir zusammen gefeiert hatten, rief er mich auf dem Handy an und witzelte: »Wolle kaufen VW-Bus? Wolle kommen zum Frühstück?«

»Nee, das geht nicht. Ich habe gerade gar keine Zeit«, erklärte ich knapp und legte auf. Was er nicht wusste: Mir saß mein Exfreund gegenüber, und wir führten eines dieser schmerzhaften Trennungsgespräche. Gunters Timing war denkbar schlecht.

Was ich wiederum nicht wusste: Sein Anruf war nur ein Test gewesen. Er hatte mit Freunden gefrühstückt und ihnen vom Wiedersehen mit mir erzählt. »Die ist noch genauso langweilig wie früher. Ich kann's euch beweisen. Ich lade Bettina jetzt spontan hierher ein und wette mit euch, dass sie nicht kommt.« Als er meine Absage erhalten hatte, verkündete er triumphierend: »Wusste ich's doch! Bettina ist ganz die Alte.«

Im Februar 2002 veranstalteten Freunde von uns eine Riesenparty in einer alten Lagerhalle in Rödelheim. Halbnackte Tänzerinnen schlängelten sich in Käfigen, Techno wummerte aus den Boxen – eine ziemlich wüste Feier. Weit nach Mitternacht – wie immer viel zu spät – tauchte Gunter auf. Unter seinem linken Arm klemmte eine Nebelmaschine, in der rechten Hand hielt er ein Glasfläschchen mit Pillen. Darauf klebte ein Schild: »Stay in love forever.«

»Hey, Bettina! Nimm doch auch eine«, krakeelte er. »Die hab ich im Internet bestellt.«

»Du bist echt so was von blöd! Ich nehme garantiert keine Pille, die du mir anbietest.«

Fünf Stunden später tat ich es doch. »Aber nur, wenn du auch eine nimmst«, trällerte ich, milde gestimmt von einer Reihe starker Cocktails. Die bunten Pillen, die wir zeitgleich einwarfen, waren natürlich nur harmlose Smarties, was uns in tierisches Gelächter ausbrechen ließ. Forever in love? Nee, klar.

Um sieben Uhr wurde die Halle immer leerer. Ich entdeckte kein bekanntes Gesicht mehr – außer dem von Gunter. Als er mich erblickte, säuselte er erleichtert: »Gut, dass du noch da bist! Kann ich bei dir pennen?« Er wohnte in einer WG in Darmstadt, und die Fahrt dorthin wäre in seinem Zustand äußerst schwierig geworden…

»Okay, komm mit.«

Ein Taxifahrer setzte uns vor meinem Haus ab und mir schwante Böses. Gunter war inzwischen Architektur-Student und bekannt für seinen feinen Design-Geschmack. Meine kleine

Studentenbude voller Ikea-Einerlei war bestimmt nicht sein Style. »Wehe, du maulst über meine Wohnung«, warnte ich ihn, weil ich zu fertig war für einen neuen Eklat. Doch überraschenderweise hielt er seinen Mund! Eine Minute später fielen wir nebenander aufs Bett und in ein mehrstündiges Koma.

Was danach passierte, kann ich bis heute nicht wirklich verstehen: Gunter blieb die nächsten drei Tage bei mir. Zum ersten Mal in den zehn Jahren, die wir uns kannten, redeten wir richtig miteinander – und hörten dabei in Endlosschleife *Consequence*, eine wunderschöne Schnulze von The Notwist: »Never leave me paralyzed, love. Leave me hypnotized, love.«

Gunter machte keine Anstalten zu gehen. Ab und zu klingelte sein Handy. Jedes Mal sagte er: »Ich bin noch bei Bettina.« Waren gemeinsamen Freunde dran, folgte am anderen Ende ein »WAS???«, das so schrill war, dass selbst ich es hören konnte. Die beiden, die sich auf den Tod nicht ausstehen konnten, knutschten jetzt herum? Der Wahnsinn!

Dabei taten wir das gar nicht! Für uns waren die Tage unter vier Augen eine entrückte Zeit, in der wir jede Menge Erlebnisse aus den letzten Jahren Revue passieren ließen – und das ohne Körperkontakt.

Am dritten Tag fuhr Gunter zurück nach Darmstadt. Wenige Stunden später schickte er mir eine SMS: »Hast du Lust, heute Abend mit mir ins Kino zu gehen?«

Ich gebe zu: Nach dem Film knutschten wir dann doch, aber irgendwie kam mir das alles komisch vor. Ich wusste gar nicht, was ich fühlen sollte. Ich fand ihn nett, aber er war ja immer noch – naja – Gunter eben.

Eine Woche später besuchte ich meine Eltern in Portugal. »Du hast jemanden kennengelernt!«, sagte meine Mutter. »Das sehe ich sofort. Wer ist es?«

»Ehrlich gesagt kennt ihr ihn. Es ist Gunter.«

»Was, etwa der mit der Rindswurst?«, schaltete sich mein Vater ein. Meine Eltern hatten vor ewiger Zeit einen Silvesterumtrunk an der Nordsee veranstaltet. Vater hatte Rindswürste gegrillt, auf die alle ziemlich heiß gewesen waren – alle außer Gunter: »Nein danke, ich esse kein Fleisch.« Typisch, ganz typisch …

Als ich aus Portugal zurückkam, holte mich Gunter vom Flughafen ab – und ich merkte, dass es mich ziemlich erwischt hatte. Für uns stand fest: Ab jetzt sind wir zusammen. Unsere Freunde lachten sich über diese Mitteilung natürlich schlapp.

Auch uns geht es ab und an noch so. Wenn Gunter neben mir liegt und mich schief von der Seite anguckt, sage ich nur: »Denkst du's gerade wieder?« Und er nickt. Wir können nicht glauben, dass wir wirklich ein Paar sind – und das schon seit sieben Jahren. Da ist immer noch ein gewisses Befremdlichkeitsgefühl.

Ich sehe Gunter jetzt ganz anders als zuvor. Dass er sich von anderen unterscheidet, empfinde ich als positiv. Er ist eben extrem in allem, was er tut – auch wenn es um den Job geht: Seit einigen Jahren baut er sich eine eigene Firma auf, arbeitet so viel, dass wir uns manchmal kaum sehen. Dann veranstalten wir Mitternachtsdinner bei Kerzenlicht, damit wir wenigstens ein paar Stunden zusammen verbringen können.

Einige seiner vorigen Beziehungen sind an seiner Radikalität gescheitert, aber ich wusste ja, was mich erwartet. Ich kenne Gunter nicht anders. Es ist schön, dass wir eine gemeinsame Vergangenheit haben. Wir können über Erlebnisse von vor über zwanzig Jahren reden! Allein das gibt uns das Gefühl, eine Familie zu sein. Seit zwei Jahren sind wir sowieso eine, denn da wurde unser Sohn Piet geboren. Heirat ist für uns trotzdem kein Thema. Wir gehören zusammen, das steht fest – auch ohne Trauschein.

Gunter lässt sich immer wieder etwas Neues einfallen, um mir zu zeigen, wie wichtig ich ihm bin. Einmal hatte ich Riesenangst vor einer Zahnbehandlung. Als ich in der Praxis saß, trug die Sprechstundenhilfe einen riesigen Blumenstrauß von Gunter herein. »So was hat's hier noch nicht gegeben«, erklärte der Zahnarzt baff.

Vor drei Jahren hat Gunter mit ein paar Freunden ein Picknick ganz in Weiß auf der Rosenhöhe in Darmstadt organisiert. Wir saßen mitten im Grünen an einer festlichen Tafel. Auf einmal kam ein Cellist angeradelt und spielte für uns. Gunter hatte ihn heimlich bestellt. »Weißt du was?«, sagte ich danach. »Ich brauche gar keine Hochzeit. Das hier, das war viel schöner.«

Auch ständige Liebesbekenntnisse vermisse ich nicht. »Ich liebe dich« – das habe ich von anderen Typen so oft gehört, dass es für den Rest meines Lebens reicht. Gunter dagegen hat diese Worte noch nie benutzt. »Der Satz ist was Ultimatives. Den muss man sich für den Weltuntergang aufheben«, hat er mal scherzhaft erklärt.

Wir lieben es, Zeit miteinander zu verbringen, vertrödeln ganze Vormittage im Schlafanzug und mit selbst gebackenen Plätzchen. Vor kurzem habe ich uns Tomatensuppe gekocht. »Die ist super«, schwärmte Gunter. »Die kannst du ruhig noch in dreißig Jahren machen.«

»Ja«, erwiderte ich, »die serviere ich dir dann im Altenheim.«

Irgendwie ist das eine schöne Vorstellung. Obwohl ich fast glaube, dass wir uns auch dann noch ab und zu fasziniert anschauen werden:

»Der Gunter ...«

»Die Bettina ...«

Unfassbar.

VON FRAU ZU FRAU

Eva (51), Illustratorin, Berlin
über
Iris (46), Galeristin, Berlin

Mein 25-jähriger Sohn findet es prima, dass ich Frauen liebe. Für ihn hat sich diese Tatsache sogar als optimale Flirt-Strategie herausgestellt: Sobald Thomas einer neuen Flamme von seiner lesbischen Mutter erzählt, horcht sie interessiert auf. Besonders, wenn er dann noch erwähnt, dass ich zehn Jahre lang mit einem Mann verheiratet war ...

Als ich jünger war, wäre für mich auch gar nichts anderes als eine heterosexuelle Beziehung infrage gekommen. Ich wollte Kinder kriegen, also brauchte ich einen Mann – so die logische Konsequenz. Aber es ging mir nicht nur um Fortpflanzung. Ich fand Kerle wirklich anziehend – und bei dem einen oder anderen geht mir das heute noch so. Ich glaube felsenfest, dass jeder Mensch ein bisschen bisexuell ist. In wen man sich verliebt, ist doch völlig egal – Hauptsache, man hat das Glück, solche Gefühle zu erleben.

Meinen Ehemann lernte ich mit 16 kennen: Horst, meine erste echte Liebe. Zunächst verlief alles so, wie ich es mir als Teenager ausgemalt hatte: Wir heirateten, bekamen eine Tochter und zwei Jahre später einen Sohn. Doch mit den Jahren krochen Risse über unsere rosarote Beziehungsfassade. Schritt für Schritt entfernten wir uns voneinander – auf Zehenspitzen, sodass wir es erst gar nicht merkten. Doch irgendwann lagen wir wie zwei Fremde nebeneinander im Bett und wussten nicht mehr, was wir dem anderen noch erzählen sollten.

Ich schob die Schuld auf ihn: Es war ganz klar sein Fehler, dass ich nicht glücklich war. Wir fingen an, uns wegen jeder Kleinigkeit zu streiten. Es ging ums Geschirrspülen oder darum, wer wann mit den Kindern auf den Spielplatz ging. Nein, eigentlich ging es nur darum, uns gegenseitig wehzutun.

Es gab keinen dramatischen Höhepunkt, keinen Knall. Irgendwann war es mir einfach zu viel und ich reichte die Scheidung ein. Und zumindest da waren Horst und ich uns wieder einig. Er hätte wohl nie den ersten Trennungsschritt gewagt. Männer sind viel länger bereit, eine nicht funktionierende Beziehung auszuhalten. Viele gehen erst dann, wenn sie sich neu verliebt haben und sich in ein anderes Nest setzen können. Frauen sind da konsequenter: Sie gehen auch ohne einen Plan B in der Tasche.

Während die letzten Ehemonate wie ein Krieg gewesen waren, verlief das Ende friedlich. Es lag wohl daran, dass wir beide tief drinnen extrem erleichtert waren. Widerspruchslos trat mir Horst das Sorgerecht für die Kinder ab.

Auch für sie war unsere Trennung kein großer Schock. Wir steckten schließlich mitten in den Achtzigern, und Scheidungen lagen voll im Trend. Als wir unsere Tochter einige Jahre zuvor einschulten, war sie die Einzige in der Klasse, deren Eltern noch verheiratet waren. Jetzt nicht mehr – und das gefiel mir. Nach 15 Beziehungsjahren genoss ich das Solo-Dasein. Ein neuer Mann? Bloß nicht.

Seit zwei Jahren war ich schon Single, als ich Petra kennenlernte. Eine hochspannende Frau, die unverblümt über ihre Homosexualität sprach. Sie öffnete die Tür zu einer aufregenden, mir fremden Welt. Wirklich bereit war ich aber noch nicht, denn kaum, dass wir uns näher kennenlernten und eine Stimme in meinem Kopf flüsterte »Die könnte dir gefährlich werden«, zog ich mich erschrocken zurück. So wurden wir nie mehr als gute Bekannte.

Mit Iris war das ganz anders. Ich traf sie einige Monate später auf einer Geburtstagsparty. Zuerst fielen mir ihre wunderschönen Hände auf, zart und feingliedrig. Auch bei Männern hatte ich immer zuerst auf die Finger geachtet. Iris war rasend attraktiv – das erste Mal, dass ich dieses Wort für eine Frau verwendete. Von unserem ersten Händedruck an war mir klar, dass ich von dieser Frau mehr wollte als nur Freundschaft.

Das Problem: Sie war hetero, wie ich ja eigentlich auch. Iris hatte gerade eine zehnjährige Beziehung mit einem Mann hinter sich. Auch wenn ich mir keine großen Hoffnungen machte, wollte ich wenigstens in ihrer Nähe sein. Im Kino, beim Essen, beim Wandern – egal was wir taten, es geschah in fast gespenstischem Einklang. Wir bewegten uns wie zwei Fische in einem großen Schwarm, immer perfekt aufeinander eingespielt. Wie sehr ich mich schon in sie verliebt hatte, merkte ich, wenn sie eine Verabredung nicht einhalten konnte. Eine Absage stürzte mich jedes Mal in eine halbe Depression. So weh konnte nur Liebe tun, wurde mir bewusst.

Redete ich mir das ein, oder berührte mich Iris neuerdings häufiger? Im Gespräch wanderte ihre Hand auf meinen Unterarm oder strich einen Flusen aus meinem Haar. Nach sechs Monaten Knistern lud sie mich zum Abendessen zu sich nach Hause ein. Es war wie ein klassisches Date: Sie hatte gekocht, auf dem Tisch flackerten Kerzen, im Hintergrund plätscherte stimmungsvolle Musik.

Nach einigen Stunden zogen wir auf die Couch um, und von da an war unser erster Kuss unausweichlich. Immer näher rückten wir aneinander heran, bis ich ihren warmen Atem auf meiner Wange spüren konnte. Ich versank in katzengrünen Augen. Ganz leicht neigte ich mich nach vorne, bis sich unsere Lippen berührten. Es war romantisch und hilflos zugleich. Bei einem Mann hätte ich genau gewusst, was ich zu tun und zu erwarten hatte, bei

Iris dagegen nicht. Wir waren *beide* unsicher – aber auch froh, dass wir endlich diese Schallmauer durchbrochen hatten.

Die nächsten Monate waren ein vorsichtiges Herantasten auf vertrautem und doch völlig unbekanntem Terrain. Es dauerte lange, bis ich mich überhaupt traute, ihre Brüste zu berühren. Iris und ich beobachteten uns gegenseitig. Nach jeder Berührung kontrollierten wir: Mag sie das? Ist das in Ordnung so?

Wir hatten ja auch niemanden, mit dem wir darüber hätten sprechen können. Es gab noch keine Internet-Chats, in denen wir uns mit Gleichgesinnten hätten austauschen können. Heute ist Homosexualität ganz normal, aber damals standen wir allein auf weiter Flur.

Wir blätterten in alten *Emmas*, durchstöberten Frauenbuchläden auf der Suche nach einem Ratgeber mit dem hilfreichen Titel *Wie führe ich eine lesbische Beziehung?*.

Doch den gab es natürlich nicht. Wenigstens trieben wir ein Buch über Sex unter Frauen auf – das erste auf dem deutschen Markt. Dieses Buch gab uns endlich die Bestätigung, dass das, wonach wir uns sehnten, völlig normal war. Es war eine Art Gebrauchsanweisung für unsere neue Lust.

Nacheinander probierten wir die Ratschläge darin aus, und mit der Zeit wurden unsere Zärtlichkeiten immer selbstverständlicher. Heute sind sie für mich sogar viel natürlicher, als sie es mit einem Mann je waren. Es hat nichts damit zu tun, dass Frauen einfühlsamer sind, denn das ist ein Klischee. Sex mit einer Frau kann genauso wild, genauso hemmungslos sein wie mit einem Mann.

Die Kinder merkten natürlich, dass Iris immer öfter bei uns auftauchte. Ich habe mich nie hingesetzt und gesagt: »So, Mama hat jetzt eine Freundin.« Es war vielmehr eine allmähliche Entwicklung, die mein Sohn und meine Tochter anstandslos mitmachten. Sie nennen mich »Mama« und Iris ihre »Nicht-Mama«.

Meine Eltern sagten nicht viel zu meiner sexuellen Umorientierung. Sie wussten, dass ich gerne Neues ausprobiere und waren überzeugt, dass das alles nur eine Phase sein würde.

Aber das war es nicht. Heute stellt meine Mutter jedem stolz ihre Schwiegertochter Iris vor, denn vor sieben Jahren haben wir geheiratet. Obwohl – offziell verheiratet sind wir nicht. Das zwischen uns ist laut den Dokumenten eine »eingetragene Lebenspartnerschaft«. Eigentlich bin ich ja der Meinung, dass Liebe keinen Stempel vom Staat braucht. Aber was ist, wenn eine von uns beiden krank wird? Oder sogar stirbt? Wir wollten uns absichern und haben deshalb unterschrieben, aber leichter wurde unser Leben dadurch nicht.

Vor Kurzem bekam ich den BAföG-Antrag meines Sohnes zurückgeschickt. Darin hatte ich ankreuzen sollen, ob ich ledig, verheiratet oder verwitwet sei. Mit dem Kuli fügte ich ein Kästchen hinzu: verpartnert. Jetzt klebte an dieser Stelle ein Post-it mit der Anmerkung: »Ja wo kommen wir denn da hin, wenn auch noch jeder seinen Beziehungsstatus festhalten will?«

Unsere Sehnsucht passt in viele Köpfe noch nicht rein. Trotzdem könnte ich es mir gar nicht mehr anders vorstellen. Iris ist die Frau, mit der ich alt werden will.

Wir planen unseren Alltag so, dass die Phasen, in denen wir getrennt sind, so kurz wie möglich bleiben. Auch nach 15 gemeinsamen Jahren kann ich es gar nicht abwarten, Iris wieder in die Arme zu schließen. Mein Vertrauen in sie ist unerschütterlich. Ich weiß: Wenn ich mir am Nordpol ein Bein brechen würde, würde sie alles tun, um zu mir zu kommen. Bei einem Mann wäre ich mir da nicht so sicher. Der würde vielleicht sagen: »Ach, da fährt gerade kein Zug hin.«

EINE ZWEITE CHANCE

Martha (80), Rentnerin, Bösinghoven
über
Paul (83), Rentner, Osterath

Ich sage immer: Die Ehe ist ein Lotteriespiel – einer gewinnt und einer verliert. In meinem Fall war ich die Verliererin, und das vierzig Jahre lang.

Theo und ich mussten 1955 heiraten, weil ich schwanger war. Ein Kind vor der Ehe – für meine streng katholische Mutter eine Sünde. Darum verbot sie mir, ein weißes Brautgewand zu tragen, und steckte mich stattdessen in ein schwarzes, bodenlanges Kleid, unter dem nur der Unterrock hell hervorlugte.

Da Paare damals erst nach der Hochzeit zusammenziehen durften, hatten Theo und ich keine Chance, herauszufinden, ob wir wirklich zueinander passten. Und so sah ich in Theo, der als Fahrdienstleiter bei der Eisenbahn arbeitete, nur den schönen Kerl mit der schicken Uniform. Diese Naivität mache ich mir heute noch zum Vorwurf, aber damals wusste ich es eben nicht besser.

Das böse Erwachen kam, als ich zu Theo auf seinen Hof zog. Vom ersten Tag an fühlte ich mich einsam und hatte nie das Gefühl, einen Mann an meiner Seite zu haben. Ich kümmerte mich allein um die Kühe, die Schweine und die Getreideernte. Noch am Tag vor der Geburt stapfte ich mit der Sense auf dem Buckel über das Feld. Theo schaute lieber Fußball, ging zum Skatspielen mit seinen Freunden und trank. Der Alkohol machte ihn noch böser und kaltherziger, als er eh schon war. Für mich war es die Hölle. So ein Verhalten kannte ich nicht. In meiner Familie waren wir neun Geschwister und gingen immer herzlich miteinander um. Es gab keine Schimpfe, keine bösen Worte. Mein Mann dagegen schrie mich an, dass es die ganze Nachbarschaft hörte.

Trotzdem blieb ich bei ihm, weil ich mit einer Scheidung Schande über meine Familie gebracht hätte. Ich hatte ja auch keinen Beruf gelernt, war, genau wie meine Schwestern, nur für den Haushalt und die Landwirtschaft ausgebildet worden. Wie hätte ich da Geld verdienen sollen?

Drei Jungen und ein Mädchen brachte ich zur Welt. Erst als Theo auch ihnen wehtun wollte, verlor ich die Geduld. »Wenn du jemanden schlägst, dann mich!«, brüllte ich. Ich zog sogar für einige Tage aus, um ihm zu zeigen, wie es ohne mich war. Er rief reumütig an und bettelte darum, ich möge zurückkommen. Das tat ich auch, doch als ich zu Hause ankam, saß er schon wieder in der Wirtschaft.

1992 starb er. Es war Sonntagabend, wir hatten noch Besuch gehabt. Theo ging vor mir ins Bett und bekam nur sehr schlecht Luft. »Hol mir mal eine Tablette«, murrte er, überlegte es sich dann aber anders: »Ach nee, das mache ich lieber selbst.«

Er quälte sich die Treppe hinunter und wieder hinauf und legte sich schließlich keuchend ins Bett. Als ich aus dem Bad kam, hatte er die Hände über der Decke gefaltet und atmete nicht mehr. »Angina Pectoris«, schrieb die Ärztin auf seinen Totenschein.

Danach kehrte Ruhe in mein Leben ein. Von den Männern hatte ich so sehr die Nase voll, dass ich keinen mehr hören und sehen wollte. Als ich nach Theos Tod die Bankauszüge bekam, stellte sich heraus, dass er mir Trinkschulden in Höhe von zwanzigtausend Mark hinterlassen hatte. Das Geld musste ich von meiner Witwenrente abstottern, also führte ich den Haushalt so billig wie möglich: Ich machte das Mehl und die Butter selbst, aß die Eier unserer Hühner. Wenn Renovierungsarbeiten anstanden, bestellte ich keinen Handwerker – und das mit 63! Ich habe alles selbst in den Griff bekommen, und darauf bin ich stolz. Diese Zeit hat mich stark gemacht.

Acht Jahre lang war ich allein, aber dann passierte etwas, das von oben gelenkt wurde – da bin ich mir ganz sicher: Am 27. September 2000 besuchte ich meine Schwester. Auf dem Heimweg stand ich mit dem Auto an einer Gabelung. Rechts ging's nach Hause, links nach Osterath, wo meine Eltern und zwei meiner Brüder begraben lagen. Weil die Sonne schien und es ungewöhnlich warm war, dachte ich: Es wäre doch ein schöner Tag, um sie mal wieder auf dem Friedhof zu besuchen. So bog ich nach links ab.

Diese Entscheidung war Schicksal, denke ich heute. Gerade als ich einige Blätter vom Grabstein meiner Eltern klaubte, schlenderte ein alter Bekannter vorbei. Paul! Wir waren zusammen zur Grundschule gegangen, hatten uns seitdem aber nur alle Jubeljahre mal gesehen. Wir plauderten ein wenig, Paul erzählte, dass er das Grab seiner Frau besucht habe. Die beiden waren mehr als fünfzig Jahre lang verheiratet gewesen. Sie hatte einen Schlaganfall erlitten und war vor anderthalb Jahren verstorben. Nett war er, der Paul, aber nach ein paar Minuten gingen wir wieder getrennte Wege und ich dachte mir nichts weiter dabei.

Bis am nächsten Tag das Telefon klingelte: Paul war dran. »Wollen wir uns nicht mal treffen?«, fragte er.

Ich beriet mich erst mal mit meinem Kindern: »Was haltet ihr davon, wenn ich mir noch mal einen Freund zulege?«, fragte ich. Von dieser Idee waren alle begeistert, also sagte ich zu.

Seitdem sind Paul und ich unzertrennlich. Am Anfang waren wir nur heimlich ein Paar, damit in der Nachbarschaft kein Gerede aufkam, aber irgendwann sagte er: »Wir sind doch keine Kinder mehr! Wir müssen unsere Liebe nicht verheimlichen!« Von da an gingen wir ganz offen Hand in Hand durchs Dorf. Das fühlt sich gut an – und richtig. Paul ist meine große Liebe. Ich bin so froh über diese zweite Chance. Dank ihr vergesse ich alles Böse in meiner Vergangenheit und lebe die Gegenwart.

Mit Paul liege ich auf einer Wellenlänge. In der ganzen Zeit hat es zwischen uns noch nicht *einen* Streit gegeben. Paul ist ruhig, gelassen und unglaublich lieb – genau das Gegenteil von Theo. Er hat mir so viel Schönes in der Umgebung gezeigt: den Schelderwald oder das Schloss Biedenkopf, von dem aus man einen herrlichen Ausblick hat. Wir haben wunderschöne Urlaube gemacht, waren zusammen in Budapest, Rom und Oslo.

Mit Theo bin ich nur ein einziges Mal weggefahren, und zwar für drei Tage nach Sylt. Allerdings hockte ich damals die meiste Zeit weinend im Zimmer, weil er mir am Strand eine lautstarke Szene gemacht hatte. Inzwischen fehlt mir die Courage fürs Reisen, weil die Beine nicht mehr richtig mitmachen. Paul nimmt Rücksicht auf mich. Wenn wir spazieren gehen, packen wir einen Gehstock ein und machen nur so lange, wie ich kann.

Paul hat seine Wohnung in Osterath behalten, weil er für seine Tochter, die Enkel und Urenkel da sein will, die im Nachbarhaus wohnen. Zu mir kommt er jeden Tag um halb zwölf, wenn ich das Mittagessen fertig habe. Es gibt Hausmannskost, die uns beiden schmeckt, so wie Rindfleischsuppe mit Wirsinggemüse und Kartoffeln. Danach unterhalten wir uns oder spielen Mensch-ärgere-dich-nicht. Wir verstehen uns blendend, haben immer so viel zu lachen. Tränen gibt es in meinem Haus nicht mehr. Und wenn, dann nur solche, die mir vor lauter Freude die Wangen runterkullern.

Unsere Kinder sind froh über unsere Beziehung. Schließlich wissen sie, dass wir gut aufgehoben sind. Bei meiner letzten Geburtstagsfeier drückte mich Pauls Tochter ganz fest. »Ich wünsche euch, dass ihr noch lange zusammen sein könnt«, flüsterte sie.

Die Nächte verbringen Paul und ich getrennt, aber wenn ich ins Bett gehe, liegt das Telefon auf meinem Nachttisch. In den letzten neun Jahren ist kein Tag vergangen, an dem wir uns nicht noch eine »Gute Nacht« gewünscht hätten oder Paul mich morgens mit einem »Wie hast du geschlafen?« geweckt hätte. Kürzlich rappelte nachts um halb fünf das Telefon. Ich bekam einen Riesenschreck, weil ich dachte, es wäre etwas mit Paul passiert, aber es war nur jemand falsch verbunden.

Paul ist gesund, aber wie viel gemeinsame Zeit uns bleibt, wissen wir nicht. Wir können keine Pläne mehr machen. Jeder Tag zählt, jeden Moment genießen wir.

So viel Liebe, wie Paul mir gibt, habe ich in meinem ganzen Leben nicht gespürt. Wenn es noch eine Weile so weiterginge, wäre das einfach wundervoll.

MIT GOTTES SEGEN

Martin (36), Personal Coach, Burgau
über
Carola (43), Systemische Beraterin, Burgau

Den ersten Rosenkranz betete ich mit meiner Großmutter. Sie war sehr gläubig, und schon als kleiner Junge faltete ich morgens wie abends gemeinsam mit ihr die Hände. Obwohl meine Eltern wollten, dass ich »etwas Richtiges« lerne, stand für mich noch vor dem Abitur fest, dass ich Priester werden würde. Ich war glücklich und wusste, dass ich diese innere Zufriedenheit Gott zu verdanken hatte. Wenn ich seiner Stimme folgte, ging es mir gut. Diese Erkenntnis wollte ich mit so vielen Menschen wie möglich teilen.

Dass ich für meine kirchliche Laufbahn auf die körperliche Liebe verzichten musste, stellte kein Problem dar. Als ich mich mit 19 Jahren zum Priesterseminar anmeldete, hatte es in meinem Leben noch keine Frau gegeben, die mir diese Entscheidung hätte schwer machen können. Und etwas, das man noch nicht gespürt hat, kann man auch nicht vermissen.

Priester zu sein war meine Berufung. Das Theologiestudium in Augsburg und Amerika, die Zeit als Praktikant und Diakon – jeder Schritt, der mich meinem Ziel näherbrachte, gelang mühelos. Im Jahre 2000 wurde ich im Augsburger Mariendom zum Priester geweiht – der feierliche Höhepunkt meiner Ausbildung. Mein Lebensplan stand fest. Und niemals, wirklich niemals, hätte ich gedacht, dass ich ihn eines Tages für eine Frau über den Haufen werfen würde.

Ich lernte Carola 2002 in Burgau kennen. Wir waren beide Neulinge in der Kleinstadt westlich von Augsburg – ich hatte gerade eine Stelle als Benefiziat angetreten, sie war mit ihrem Mann und den drei Kindern aus der Nähe von Mainz hergezogen.

Als Benefiziat war ich automatisch im Vorstand der hiesigen Kolpingfamilie, die einem bundesweiten katholischen Sozialverband angehört. Da gerade eine Faschingsveranstaltung geplant wurde, beschloss man, dass die »Zugereisten«, also Carola, ihre Familie und ich, für diesen bunten Abend etwas zusammen vorbereiten würden. Das Motto war »Kolping-TV«, und während die anderen Mitglieder für die Beiträge sorgten, sollten wir das Ganze von einer Couch aus moderieren. Zweimal trafen wir uns zu Hause bei Carola, um zu proben. Sie war ein sehr warmherziger Mensch, und ich fühlte mich in ihrer Gesellschaft sofort wohl.

Auf dem Land herrscht häufig eine Art Berührungsangst, wenn es um den Priester geht. Er wird auf ein Podest gehoben und als Projektionsfläche für religiöse Vorstellungen genutzt. Es passiert selten, dass einem die Leute auf Augenhöhe und schlichtweg menschlich begegnen. Darum war ich froh, dass mich diese Familie so herzlich empfing. Carola meinte einmal: »Sie sind ja gar nicht so trocken, wie Sie auf den ersten Blick erscheinen!« Das wollte ich auch der Gemeinde beweisen. Ich schaffte es, indem ich mir am Faschingsabend auf der Bühne Talar und Birett vom Leib riss und mich in T-Shirt und Jogginghose auf die Couch fläzte – eine Szene, die für sehr laute, sehr menschliche Lacher sorgte.

Da Carola sich stark in der Kirche engagierte, lief ich ihr öfter über den Weg: Sie leitete einen Kinderarbeitskreis, war außerdem Firm- und Ministrantenmutter. Die Zusammenarbeit mit ihr gefiel mir, weil wir uns in unserer Spiritualität sehr ähnelten. Für Carola war der Glaube nicht nur eine Art Mantel, der sie von außen umhüllte, er entsprang tief in ihrem Inneren und war so lebendig!

144

Ich suchte ihre Nähe, ohne es bewusst wahrzunehmen. Wir redeten viel, waren auch mal zusammen im Kino, wurden zu Freunden. Carolas Alltag war zu dieser Zeit im Umbruch: Sie arbeitete als Seelsorgerin in einer Kurklinik, machte außerdem ein Praktikum als Gemeindereferentin. Während sie beruflich einen Stein auf den anderen setzte, brach ihre Ehe nach 18 gemeinsamen Jahren wie ein Kartenhaus zusammen. Zwischen uns beiden war ihre Beziehung schon öfter ein Thema gewesen, Details hatte sie mir allerdings nie erzählt. Ich wollte ihr in dieser Sache keine Ratschläge geben, sondern stellte ihr Fragen – und mithilfe ihrer eigenen Antworten fand sie den für sich richtigen Weg. 2005 brach es aus ihr heraus: »Jetzt ist es so weit. Ich gehöre da nicht mehr hin!« Einen Auszug von zu Hause konnte sie sich aber aus finanziellen Gründen nicht leisten.

Zur selben Zeit erhielt ich im zwanzig Kilometer entfernten Elchingen meine erste Stelle als Pfarrer und bezog das dortige Pfarrhaus.

»Du brauchst doch eine Haushälterin«, sagte Carola. »Warum nimmst du nicht mich?« Bei mir läuteten sofort die Alarmglocken: Das kam nicht in Frage! Was würden die Leute denken? Ich war wahnsinnig besorgt um die Auswirkungen und engagierte schnellstmöglich eine andere Frau, die allerdings nach nur einem Monat kündigte. Ich sah es als Wink des Schicksals und stellte Carola nun doch ein. Zunächst kam sie nur für zwanzig Stunden pro Woche, da sie ja noch andere Jobs hatte und sich um ihre Kinder kümmern musste.

Alle meine Zweifel verschwanden: Carola im Haus zu haben war eine echte Erleichterung! Mit ihr konnte ich über alles reden, sie war der einzige Mensch, der mir widersprach oder mich mal auf den Arm nahm. Für sie war ich keine steife Respektsperson – und das tat gut. Im Dezember 2005 zog sie zu mir ins Pfarrhaus in die leer stehende Wohnung der Haushälterin.

Neun Monate später stellte mir die Gemeinde frei, eine hauptamtliche Pfarrhelferin zu beschäftigen. Eigentlich war das der ideale Posten für Carola, aber ich war erneut dagegen. Wieder fragte ich mich: Was würden die Leute denken? »Die macht sich breit«, würden sie sagen. »Jetzt will er sie auch noch *da* unterbringen.«

Erst als zwei Mitarbeiterinnen mich ausdrücklich darum baten, Carola zuzusagen, gab ich nach, denn plötzlich empfand ich ein völlig neues Gefühl: Verlustangst. Wenn ich ihr diese Stelle nicht gäbe, dann würde sie vielleicht verschwinden. Ich könnte sie verlieren! Das Risiko wollte ich nicht eingehen.

Aber warum war mir Carola eigentlich so wichtig? Allmählich musste ich mir eingestehen, dass ich für sie mehr empfand als für eine bloße Freundin.

Als Carola im September 2006 Pfarrhelferin wurde, waren wir rund um die Uhr zusammen und verstanden uns trotzdem immer. Mit ihr an meiner Seite waren in der Pfarrei Dinge möglich, die ich allein nicht geschafft hätte.

Carola brachte jungen Schülern das Beten bei und sorgte dafür, dass auch coole Hiphopper sieben Minuten lang in Stille versanken. Ich fand es gigantisch, was wir gemeinsam erreichen konnten!

Im Sommer 2007 fuhren wir zusammen in den Urlaub. Wir würden vier gemeinsame Wochen in einem Ferienhaus in Ungarn verbringen – natürlich nur als Freunde. Aber tief in mir drin fühlte ich, dass wir mit dieser Reise eine unsichtbare Grenze überschritten. Was dahinter passieren würde, wusste ich nicht.

Eines Abends saßen wir bei Sonnenuntergang auf einer Bank mit Blick auf den Plattensee. Die Stimmung war romantisch, Carola schaute mir in die Augen – und küsste mich. Es war der erste Kuss meines Lebens, aber alles, was ich in dem Moment spüren konnte, war Schuld.

Carola merkte, wie zerrissen ich war. Wir einigten uns darauf, unsere Gefühle auf Eis zu legen, aber das war leichter gesagt als getan.

Ich ging schließlich zu einem Priesterseelsorger, um Unterstützung für die schwerste Entscheidung meines Lebens zu bekommen. Für mich gab es zu diesem Zeitpunkt nur zwei Möglichkeiten: Trennung oder Liebe. »Das ist doch Unsinn«, meinte der Seelsorger. »Macht es doch einfach wie alle: Führt eine Gewissensehe.« Das hieße: sich heimlich lieben, ohne dass es jemand wissen durfte. Nie ehrlich sein können. Sich ständig verstecken. Für mich war diese Variante unvorstellbar. Ich konnte doch nicht vor meiner Gemeinde Ehrlichkeit predigen und selbst so etwas tun! Es fiel mir immer schwerer, meine Gefühle zu unterdrücken. Eines Nachts ging ich mit Carola spazieren – im Dunkeln, nahe der Autobahn, damit uns keiner sah. Da sagte ich ihr zum ersten Mal: »Ich liebe dich.« Es fühlte sich an, als hätte jemand einen Felsbrocken von meiner Brust gewälzt.

Es war eine harte Zeit, denn schließlich stand meine ganze Existenz kurz vor dem Zusammenbruch. Ich war ein leidenschaftlicher Prediger, ein aufopfernder Seelsorger – das alles setzte ich für meine Gefühle aufs Spiel!

»Bin ich zu schwach?«, fragte ich mich. »Wie stehe ich jetzt bloß da? Vor meiner Familie, vor den Priestern, die mit mir geweiht wurden...« Die Liebe zu Carola wurde für mich zur Schande, zum Symbol meines Scheiterns als Geistlicher. Als ich ihr das offenbarte, war sie verständlicherweise zutiefst verletzt. So konnte es nicht weitergehen. Ich stellte mir die alles entscheidende Frage: Konnte ich ohne Carola Priester sein? Die Antwort lautete ganz klar: Nein. Von da an stand für mich fest, dass ich meinen Beruf aufgeben würde.

Als der Bischof von meinen Plänen erfuhr, bestellte er mich sofort ein. »Sie müssen eine Therapie machen!«, erklärte er mir.

Sein Ziel war, mich von Carola fernzuhalten. Er informierte meinen Vorgänger und den Pfarrer der Nachbargemeinde – so erfuhren immer mehr Menschen von der ganzen Sache. Der Druck wuchs täglich, es wurde so schlimm, dass ich nachts aufwachte und nicht mehr atmen konnte.

Ich meldete mich krank und fuhr zu meinen Eltern, um ihnen von Carola und meinen Plänen zu erzählen. Doch es war leider zu viel für sie. Um es kurz zu fassen: Das erhoffte Verständnis erhielt ich nicht. Nachdem ich mein Elternhaus an diesem Tag verließ, hatten wir lange keinen Kontakt mehr.

Der Bischof schickte mich zu einem Star-Therapeuten, doch der sagte: »Bei Ihnen liegt keine Störung vor. Ich kann Sie nicht behandeln.« Dabei hatte ich mich schon fast nach einer Therapie gesehnt, brauchte dringend einen Zufluchtsort! Ich konnte nicht in die Pfarrei, nicht zu meinen Eltern und auch nicht zur Therapie – aber wohin sollte ich dann?

Wieder hatte der Bischof die passende Antwort. Er schickte mich in die Abtei Münsterschwarzach bei Würzburg, wo regelmäßig Priester mit Zölibatsproblemen aufgenommen und beraten werden. Carola hielt in der Pfarrei die Stellung, wir telefonierten regelmäßig per Handy. »Du musst dich jetzt entscheiden«, sagte sie bei einem unserer Gespräche. »*Für* oder *gegen* mich.«

Als ich mich nicht festlegen wollte, tat sie es für mich und schickte mir eine SMS: »Ich kann so nicht mehr weitermachen.« Schluss. Aus. Vorbei.

Vielleicht würde das die Misere vereinfachen. Ich schrieb ihr in einer E-Mail, dass ich nun doch meinen Weg als Priester weitergehen würde.

»Das soll das Ende sein?«, fragte sie unter Tränen am Telefon. »Das kann ich nicht glauben! Ich liebe dich mehr als mein eigenes Leben!« Dieser Satz rüttelte mich endgültig wach. Ich wusste auf einmal genau, was ich zu tun hatte.

Wenige Tage später schrieb ich einen zweiseitigen Abschiedsbrief an meine Gemeinde und kopierte ihn zweitausend Mal. Jeder Haushalt sollte einen bekommen. In diesem Brief erklärte ich meinen Abschied, um wilde Spekulationen zu vermeiden. Noch am selben Tag räumten Carola und ich das Pfarrhaus. Einen Tag später holte sie ihre Kinder von der Schule ab und erklärte ihnen, was wir vorhatten. Ich ging zum Bischof und verkündete ihm meine Entscheidung.

Dann tauchten wir unter. Wir hatten uns eine Ferienwohnung in Osterzell bei Kaufbeuren gemietet, aber keinem unser Ziel verraten. Die Folgen unseres Handelns waren gravierend: Carola und ich wurden exkommuniziert, das heißt, wir dürfen keine Sakramente mehr empfangen, können in keiner Pfarrgemeinde oder kirchlichen Einrichtung mehr angestellt werden. Mein Name wurde aus dem Adressverzeichnis der Diözese Augsburg gelöscht, in der Liste der im Jahre 2000 zum Priester Geweihten tauche ich nicht mehr auf. Es ist so, als hätte es mich nie gegeben. Da die Diözese für mich keine Sozialversicherungsbeiträge gezahlt hatte, konnte ich nach meiner Suspendierung weder Arbeitslosengeld beziehen, noch einen Gründungszuschuss beantragen.

Über all diese Konsequenzen waren Carola und ich uns im Klaren. Wir haben sie bewusst auf uns genommen. Heute weiß ich: Meine Entscheidung für Carola war kein Scheitern. Bleiben, um den Schein zu wahren – das hätte bedeutet, zu scheitern. Ich bin Gott gefolgt. Er hat mir mit Carola nicht nur eine hervorragende Kollegin an die Seite gestellt, sondern auch eine liebevolle Partnerin. Carola ist sein Plan für mich, davon bin ich überzeugt. Ich habe lange – viel zu lange – gebraucht, um diese Erkenntnis zuzulassen.

Mit der Hilfe eines anderen ausgeschiedenen Priesters bekam ich schnell einen Job: Ich bin jetzt Arbeitsvermittler bei der Agentur für Arbeit in Augsburg. Das ist für mich ein ganz neues Leben, mit Fahrten ins Büro und festen Arbeitszeiten. Daran muss ich mich erst einmal gewöhnen, aber Carola hilft mir.

Wir haben gemeinsam eine Beratungspraxis eröffnet, denn in den letzten Monaten ist mir klar geworden, dass ich aus tiefstem Herzen Seelsorger bin. Als Pfarrer hatte ich viel zu selten Gelegenheit, Gemeindemitgliedern beizustehen, war vielmehr ein behördlicher Chef. Jetzt kommen die Menschen von weither, um mit mir über ihre Probleme zu sprechen. Ihnen zu helfen ist ein schönes Gefühl.

Viele fragen, ob ich der katholischen Kirche böse sei. Ganz einfach: Nein. Die Kirche steckt in strukturellen Zwängen, aus denen sie sich nicht befreien kann. Sie muss sich an ihre Gesetze halten – aber ich muss das nicht mehr.

Carola und ich sind kürzlich der altkatholischen Kirche beigetreten. Man hat uns, trotz unserer ungewöhnlichen Vorgeschichte, mit offenen Armen aufgenommen. Wenn alles gut geht, werde ich dort in wenigen Monaten sogar predigen dürfen.

Ich konnte das alles nur durchstehen, weil ich an Gott glaube. Was ich getan habe, kommt einem Bungee-Sprung gleich – und das Seil hat gehalten.

EIN MANN ZUM ABHEBEN

Elisabeth (29), Arzthelferin, Freising
über
Tobias (33), Pilot, Freising

Es waren noch genau 48 Stunden bis zum Abflug, als mein Freund mich anrief: »Ich weiß nicht, ob es eine gute Idee ist, wenn du herkommst.«

16 000 Kilometer lagen zwischen uns, aber in diesem Moment wäre ich am liebsten durch die Telefonleitung gestiegen, um ihm an den Hals zu springen. Er studierte gerade ein Semester an der Uni in Melbourne, und wir hatten geplant, gemeinsam acht Wochen lang durch Australien zu reisen. Was zum Teufel sollte also dieser Anruf?

»Hast du eine andere?«, fragte ich, schnaubend vor Wut.

»Nein!«, antwortete er, blitzschnell und angsthasig. Er stecke im Prüfungsstress, sei deswegen völlig durch den Wind. Ich müsse das verstehen.

Am nächsten Tag – an dem ich wie ein Zombie aussah, weil ich nur geschätzte drei Minuten geschlafen hatte – rief er noch mal an und sagte: »Sorry wegen gestern. Es ist alles in Ordnung, setz dich in den Flieger.«

Doch das mulmige Gefühl blieb. Statt es am Flughafen mit einer stürmischen Umarmung verpuffen zu lassen, begrüßte mich mein Freund recht leidenschaftslos. Mein Bruder hätte das herzlicher hinbekommen…

Während der ersten beiden Wochen blieben wir in Melbourne. Die Stimmung war sowieso schon angespannt, aber dann ging die

Bombe hoch: In der Wohnung meines Freundes fand ich einen Zettel mit einem Frauennamen samt Telefonnummer.

»Ist sie der Grund, warum du so bist?«

Mein Freund war ein schlechter Lügner, deshalb blieb er bei der Wahrheit: »Ja.«

Ich war geschockt, aber andererseits auch froh, dass es nun endlich raus war. »Dann flieg ich jetzt heim!« – da war ich rigoros. Wenn mich einer so mies hinterging, gab es keine zweite Chance.

Leider konnte ich meinen Fluchtplan nicht so schnell in die Tat umsetzen, wie er mir über die Lippen gekommen war. Ich hätte einen ziemlichen Batzen Geld draufzahlen müssen, um mein Flugticket umzubuchen. Also ließ ich mich von meinem Freund überreden, doch noch die gemeinsame Reise anzutreten. Vielleicht war es ja ein Fehler, sieben Beziehungsjahre wegen einer kleinen Affäre einfach wegzuschmeißen. Zumal er betonte: »Ich habe mich nur einmal kurz verirrt. Wir beide gehören zusammen.«

Und es lief auch alles super: Auf dem Trip hatten wir jede Menge Spaß, und als ich nach Deutschland zurückflog, stand fest, dass mein Freund nachkommen würde, sobald seine Diplomarbeit fertig war. Beziehungstechnisch würden wir genau dort weitermachen, wo wir vor seiner Abreise aufgehört hatten. Am Telefon schwor er, wie sehr er mich vermisste.

Erst von einem seiner Kumpels erfuhr ich – wohl aus Mitleid –, dass der Gute zweigleisig unterwegs war: »Lass dich nicht verarschen. Der trifft sich immer noch mit der Australierin.«

Ich brauchte nur wenige Versuche, um das Passwort seines E-Mail-Accounts zu erraten. Manche Männer sind eben sehr einfach gestrickt. Mein Informant hatte leider recht. Im Gesendet-Ordner fand ich zig Liebesbotschaften an eine andere Frau: »I love you so much«, schrieb mein Freund der Fremden. Mir wurde übel.

Ich machte sofort Schluss. Meinem Ex gegenüber gab ich mich stark, aber innerlich war ich weich wie ein zu kurz gekochtes Ei.

Ich war froh, dass ich so gute Freunde hatte. Sie munterten mich mit Kinoeinladungen, Spieleabenden und langen Partynächten auf. Einer beteuerte: »Du bist so ein hübsches Mädel, du findest schnell einen Neuen.« Aber genau das wollte ich nicht. Das Thema Liebe war für mich bis auf Weiteres abgehakt.

Ich hatte den Glauben an das große Glück verloren, aber mein Kumpel Wolfgang erlebte es gerade: Über das Internet hatte er Ina aus Hannover kennengelernt und war vor wenigen Monaten zu ihr gezogen. Am 14. Februar 2004 würde die standesamtliche Trauung in seiner bayrischen Heimat Burghausen stattfinden, drei Monate später war die kirchliche Hochzeit in Hannover geplant.

Bei der Feier in Burghausen stellte mir Ina ihren Trauzeugen Tobias vor, der mich freundlich anlächelte – aber zu diesem Zeitpunkt steckte ich noch voll in der Mein-Leben-ist-ein-Scherbenhaufen-Phase. Ich gab ihm kurz die Hand, murmelte »Wir sehen uns ja dann in Hannover« und drehte mich wieder zu meinen Freunden um.

Ende Mai war meine Verfassung schon viel besser: Ich hatte den hoffnungsvollen Vielleicht-kann-ich-mich-ja-doch-noch-mal-verlieben-Status erreicht. Im Pulk reiste ich mit den anderen Gästen zur Hochzeit in den hohen Norden – und zwar schon drei Tage vor dem großen Fest, um den Polterabend nicht zu verpassen. »Kannst dir ja da oben einen Preiß'n aufreißen«, witzelte meine Freundin Gabi vor der Abfahrt. Einen Preußen? Also bitte! Ganz so nötig hatte ich es nun auch wieder nicht!

Nach dem feuchtfröhlichen Polterabend am Mittwoch ließ sich das Brautpaar für den nächsten Tag etwas Besonderes einfallen: Tobi, Inas Trauzeuge, besaß eine Fluglizenz und würde mit uns einen Rundflug über Hannover machen!

Es war nicht so, dass ich deswegen in Begeisterungsstürme ausbrach. Erstens war mir die kleine Cessna, die da auf dem Rollfeld stand, ziemlich unheimlich, und zweitens hatte ich nach dem vielen Prosecco und Bier vom Vorabend keine Lust auf einen Höhenflug. Aber ich wollte mir vor den anderen keine Blöße geben und willigte schließlich doch ein.

Zwei Freundinnen nahmen hinten Platz, ich stieg gleich vorne neben Tobias ein. Er muss meine Angst gespürt haben, denn gleich nachdem wir die dicken Headsets über unsere Ohren gestülpt hatten, fing er an, mich mit allerhand Erklärungen abzulenken. Das Schwanken beim Start und die späteren Turbulenzen nahm ich kaum wahr. Ich konzentrierte mich ganz auf Tobis ruhige Stimme, während er über Höhenmesser, Variometer oder Fluglageanzeiger sprach, und schaute dabei in seine poolblauen Augen. In diesem Moment gab es nichts anderes mehr für mich. Den Maschsee, das Fußballstadion und den Großen Garten ließ ich unbeachtet siebenhundert Meter unter mir vorüberziehen.

Am nächsten Tag machten wir mit mehreren Hochzeitsgästen einen Ausflug nach Hamburg. Ich merkte, dass ein anderes Mädel ein Auge auf Tobi geworfen hatte und ständig um ihn herumwieselte. Ich hatte keine Lust, ihr ins Gehege zu kommen, aber als ich das Gabi erklärte, fragte sie: »Bist du so blind oder stellst du dich doof? Tobi quatscht doch die ganze Zeit nur mit dir!«

Dann kam der große Tag: Wolfgang und Ina schritten feierlich zum Altar. Ich ließ mich von der romantischen Stimmung anstecken und warf Tobi schon während des Festessens verstohlene Blicke zu. Doch damit wir uns näherkamen, musste Gabi eingreifen. Beim ersten Tanz war Herrenwahl. Ein fremder Kerl steuerte zielsicher auf mich zu, aber sie schubste mich in letzter Sekunde in Tobis Arme. »So, ihr zwei tanzt jetzt miteinander!«

Wir legten einen eher minder professionellen Walzer hin. Trotz einiger Fehltritte war es der perfekte Auftakt für einen unvergesslichen Abend: Tobi wich nicht mehr von meiner Seite, wir redeten, tranken und tanzten bis zum Gehtnichtmehr.

Irgendwann erzählte er mir, dass er nicht nur eine Fluglizenz habe, sondern auch am Niederrhein eine Ausbildung zum Piloten mache. Das Erste, was mir dazu einfiel, war: Schon wieder ein Griff ins Klo! Schließlich sind Piloten ständig unterwegs und verstehen sich bekanntlich oft zu gut mit den Stewardessen.

Aber der Abend war zu schön, um ihn mir mit Ängsten zu vermiesen. Ich spülte alle Vorurteile und Schreckensszenarien mit einem Schluck Prosecco hinunter. Es war deutlich zu früh, um an die Zukunft zu denken. Wer wusste schon, ob es für uns überhaupt ein gemeinsames Morgen gab?

Weit nach Mitternacht standen wir nur noch zu sechst an der Theke. Das nüchtern gebliebene Brautpaar bot an, uns nach Hause zu fahren. Tobi und ich gingen schon mal an die frische Luft, um dort auf unsere Mitfahrgelegenheit zu warten. Doch gerade als wir nach draußen traten, fing es an, heftig zu regnen. Tobi führte mich unter einen Dachvorsprung und zog mich an sich. In der nasskalten Luft wurde unser Atem zu kleinen Wölkchen, die zwischen unseren Nasenspitzen aufstiegen. Und plötzlich küssten wir uns.

Obwohl wir zugegebenermaßen ordentlich gebechert hatten, war es keiner dieser zügellosen Absturz-Knutscher, bei denen man gar nicht mehr weiß, wo oben und unten ist. Tobi küsste mich ganz behutsam und sehr ernsthaft.

Bei meinem Hotel angekommen, wollten wir uns noch nicht trennen und entschieden uns, an der Bar einen Absacker unter vier Augen zu trinken. Leider fand auch ein anderer Hochzeitsgast diese Idee ganz großartig, und so saßen wir schließlich zu dritt an der Bar, wobei Tobi und ich heimlich mit den Augen rollten und hofften, dass sich unser Begleiter endlich ins Bett verabschieden möge. Doch es dauerte bis um fünf Uhr morgens, bis er uns endlich diesen Gefallen tat, und da waren auch wir schon ganz erschossen. Tobi brachte mich noch zur Zimmertür und machte sich dann auf den Weg zum Haus seiner Eltern, bei denen er sich fürs Wochenende einquartiert hatte. Um zehn Uhr wollte er zum großen gemeinsamen Abschiedsfrühstück wieder im Hotel sein. Als ich leicht verkatert den nach frischen Brötchen und Kaffee duftenden Raum betrat, kam Gabi auf mich zu.

»Und? Was ist jetzt mit dir und Tobi?«

»Schön war's!«, sagte ich mit verräterischem Grinsen. »Man könnte sagen, dass sich da was anbahnt.«

Tobi ließ auf sich warten. Er hatte verschlafen und hetzte schließlich mit duschnassem Haar in den Frühstückssaal. Wir gaben uns vor allen anderen einen Kuss, denn wir wussten: Das mit uns war nicht nur etwas für einen Abend. Wir spürten von Anfang an eine ganz große Vertrautheit.

Schon eine Woche später wollte Tobi mich in Kirchdorf am Inn besuchen. »Für meinen Pilotenschein muss ich Flugstunden sammeln«, meinte er. »Wenn ich zu dir nach Bayern komme, habe ich gleich wieder ein paar beisammen.« Dann stieg ich zu meinen Freunden ins Auto und er machte sich auf den Weg nach Mönchengladbach.

Wenige Minuten später erhielt ich die erste SMS: »Die Tage mit dir waren sehr schön. Ich glaube, ich habe mich in dich verliebt.«

Wir telefonierten jeden Tag und freuten uns riesig auf das gemeinsame Wochenende. Doch dann regnete es in Strömen. Bei so schlechten Wetterbedingungen konnte Tobi unmöglich mit einer Cessna starten. »Ich komme trotzdem«, verkündete er wenig später. »Ich habe mir gerade die Bahncard besorgt.«

Ich holte ihn am Bahnhof ab und zitterte vor Nervosität, als der ICE einfuhr. Gabi und ihr Mann Bernhard hatten uns für den ersten Abend zu sich eingeladen – schließlich wusste ich nicht, ob Tobi und ich uns auch so ganz allein verstehen würden. Die anderen beiden sollten das Gespräch in Gang halten, falls unangenehme Pausen entstünden.

Doch die gab es nicht. Sechs Tage lang blieb Tobi bei mir, und nicht eine Minute davon war langweilig. Wir machten einen Ausflug nach München, gingen in die Therme von Bad Füssing und redeten ganz offen über unsere Gefühle. »Wenn wir uns nur alle drei oder vier Wochen sehen, können wir es gleich vergessen«, erklärte ich. »Das ist mir zu wenig.« Nachdem die Entfernung meine letzte Beziehung gekillt hatte, war ich sehr vorsichtig.

Tobi verstand das. »Das schaffen wir«, versicherte er mir. Aber am nächsten Wochenende hatte er keine Zeit, er musste arbeiten. Bei mir schellten gleich die Alarmglocken, alte Ängste erwachten. Ich kannte Tobi nicht lang genug, um ihm wirklich vertrauen zu können.

Und wieder bot mir Gabi ihre Hilfe an. Damit ich nicht das ganze Wochenende zu Hause saß und grübelte, arbeitete sie ein Ersatzprogramm aus. »Am Samstagabend gehen wir zu einem netten Italiener in Passau«, sagte sie.

Bernhard setzte uns vor der Tür des Restaurants ab. »Geht schon mal rein. Ich muss noch schnell einem Kollegen was vorbeibringen.«

Als ich gerade die Speisekarte durchblätterte und versuchte, mich zwischen Lasagne al forno und Spaghetti Carbonara zu entscheiden, tippte mir jemand von hinten auf die Schulter. Ich drehte mich um und da stand Tobi. »Alle vier Wochen ist auch mir zu wenig«, sagte er und ich bekam feuchte Augen. Gabi, Bernhard und Tobi steckten unter einer Decke! Bernhard hatte Tobi schnell vom Bahnhof abgeholt, die drei hatten diese Überraschung gemeinsam ausgeheckt!

Eineinhalb Jahre lang pendelten wir zwischen Kirchdorf am Inn und Mönchengladbach. Mithilfe von Billigfliegern und der Bahn schafften wir es, uns jedes Wochenende zu sehen. Im Juli 2005 bestand Tobi seine Pilotenprüfung und bekam ein Jobangebot in Hannover.

»Guck doch mal, ob du dort eine Stelle finden kannst«, bat er mich. Ich bewarb mich auf zwei Stellen, ging zwei Wochen später zum Vorstellungsgespräch und durfte am 1. September anfangen. Wenig später zogen wir in unsere erste gemeinsame Wohnung. Alles ging reibungslos und ratzfatz – das war für mich ein Zeichen. Diese Beziehung stand unter einem guten Stern!

Am 1. Dezember 2006 machte mir Tobi in New York einen Heiratsantrag. Schon vorher konnte ich spüren, dass etwas im Busch war – aber was? Als wir auf dem Empire State Building standen, schaute Tobi mich so komisch an, und es gab noch ein paar andere Momente, in denen er sich ungewöhnlich benahm, aber es passierte nichts. Bis zum letzten Tag dachte ich, das Ganze sei nur Einbildung, aber als wir auf einer Bank im Central Park saßen, rückte Tobi mit der Sprache heraus: »Willst du mich heiraten?«

Die Sonne schien, Eichhörnchen sprangen um uns herum und mein Herz klopfte vor Freude, bis mir schwindelig wurde. »Ist das dein Ernst?«

Tobi nickte und ich flüsterte ihm ein »Ja« ins Ohr.

Seit zwei Jahren sind wir verheiratet und seit 15 Monaten Eltern von Louis, einem echten Sonnenschein. Weil Tobi wusste, wie sehr ich meine Heimat vermisst habe, nahm er einen Job in München an. Kurz vor Louis' Geburt zogen wir nach Freising. Hier, zwanzig Kilometer nördlich der Großstadt, wohnen wir in einem Reihenhaus gleich an der Moosach, in der wir im Sommer unsere Füße baumeln lassen können.

Tobi versucht immer wieder aufs Neue, mich glücklich zu machen. Aus Italien brachte er mir mal tütenweise Outfits meiner Lieblingsmarke Stefanel mit – und alles passte! Tobi kennt mich eben in- und auswendig. Es ist rührend, wie viel Energie er in unsere Beziehung steckt. Und obwohl ich früher Vorurteile gegenüber seinem Beruf hatte, erweist er sich jetzt als echter Vorteil: Da

Tobi Langstrecke fliegt, ist er nach einem Einsatz mehrere Tage am Stück zu Hause und hat so viel mehr Zeit für seinen Sohn als andere Väter. Nur Windeln wechselt er nicht so gerne. »Wenn du Louis wickelst, mache ich dir einen Cappuccino«, verhandelt er dann meist charmant.

Ich glaube, unsere Stärke ist noch immer unsere Offenheit. Wir sprechen alles an, was uns nicht passt. Früher hätte ich mich das nie getraut. Für meinen Exfreund habe ich mich verstellt, aber auf Dauer ging das nicht gut. Bei Tobi bin ich einfach ich selbst. Und er liebt mich – genau dafür.

Eifersucht habe ich noch nie verspürt, auch wenn mein Mann oft unterwegs ist. Von mir aus kann er in Mombasa, Rom oder sonst wo mit den Stewardessen essen gehen. Tobi genießt mein ganzes Vertrauen. Das hat er sich hart erkämpft.

BESTENS VERMITTELT

Helga (57), Sekretärin, Lügde
über
Willi (53), Landmaschinenmechaniker, Lügde

Im Jahre 1987 wohnte ich auf dem Land und war alleinerziehende Mutter. In diesem Satz stecken gleich zwei Tatsachen, die die Partnersuche für mich damals sehr schwierig machten. Meine Tochter Wilma war sechs Jahre alt – und seit genau sechs Jahren kümmerte ich mich allein um sie. Ihr Vater hatte sich kurz nach der Geburt aus dem Staub gemacht.

Wir beide lebten in einer kleinen Wohnung, die ich mit meinem Job als Sekretärin gerade so bezahlen konnte. Nach Feierabend war ich ganz für Wilma da, Zeit fürs Flirten blieb nicht viel. Und mit wem auch? Marienmünster, die Gemeinde, in der ich wohnte, hatte rund fünftausend Einwohner. Ich lief vielen alten Schulfreunden und vielen meiner Cousins über den Weg, aber wenigen neuen Gesichtern, die meine Flirtlaune hätten wecken können.

Als Wilma kleiner gewesen war, hatte ich zwei Dates gehabt, aber die waren so fatal verlaufen, dass es nie ein drittes oder viertes gegeben hatte. Der eine Kerl hatte nur von seinen Huskys und seinen dreitausend Schallplatten erzählt und sich herzlich wenig für mich interessiert. Der andere war ein Blind Date und stand mit Halsketten behangen am Bahnhof. Ich wäre am liebsten weggerannt, aber das erschien mir nicht fair. Also trank ich noch ein Bier mit ihm und wurde dann deutlich: »Ich glaube, wir passen nicht zueinander.«

Bei der Männersuche halfen auch die Kerzen nicht, die ich regelmäßig in der Kirche anzündete. »Wenn keiner kommt, dann bleiben wir eben allein«, sagte ich tapfer zu Wilma. »Wir schaffen das.« Doch dann lernte ich auf einem Fest eine Heiratsvermittlerin kennen: Anita.

»Haste nicht nen Mann für Helga?«, fragte eine Freundin forsch.

»Komm, hör auf!«, bat ich. »Das kann ich mir gar nicht leisten. Und so dringend ist es nun auch nicht.«

Aber Anita war gleich Feuer und Flamme. »Willst du nicht mal zu einer meiner Single-Partys zu kommen?« Die veranstaltete sie regelmäßig auf einem Hof in der Nähe. Siebzig Mark kostete der Spaß inklusive des Essens und der Getränke. Eine Menge Geld – aber einmal konnte ich es ja ausprobieren.

Als Nonne verkleidet (es war eine Kostümparty) fuhr ich an einem Februarabend hin. Große Hoffnungen machte ich mir nicht, ich hatte eher ziemlichen Bammel. Es ist schon ein eigenartiges Gefühl, auf eine Feier zu gehen, auf der alle die große Liebe suchen. Was machst du hier nur?, fragte ich mich. Aber das Geld war schon überwiesen, ein Rückzieher kam nicht infrage.

Als ich die Tür zu dem hübschen Fachwerkhaus öffnete, dämmerte mir, warum Anita so froh gewesen war, als ich mich angemeldet hatte. Mit meinen 35 Jahren war ich die Jüngste! Ich schaute mich um: Die meisten Singles schätzte ich auf weit über sechzig. Zwei von ihnen standen an der Theke und schauten mich erwartungsvoll an. »Willst du was trinken?«, hießen sie mich willkommen und prosteten mir zu. Das verfrühte Du war mir nicht geheuer, genauso wenig wie die meisten Kerle. Bis um ein Uhr hielt ich durch, dann stapfte ich durch den Schnee zurück zum Auto.

»Und, wie hat's dir gefallen?«, fragte Anita am nächsten Tag neugierig.

»Ganz gut.«

»War einer für dich dabei?«

»Ja, aber mit dem wird's wohl nichts werden.«

»Wieso denn? Raus mit der Sprache. Wer ist es?«

»Der DJ.«

Zwei Monate später rief sie wieder an. »Komm doch mal vorbei. Ich glaube, ich habe da jemanden für dich.«

Gemeinsam mit Wilma fuhr ich in die Agentur. Dort hielt mir Anita ein Foto vor die Nase: »Was sagst du dazu?«

Ich schaute mir das Foto genauer an: Da stand ein schmaler, dunkelblonder Typ mit blauem Karohemd, Jeans und Turnschuhen vor einem weißen Mercedes. »Der hat ja einen Bart!«, moserte Wilma.

Anita erklärte: »Willi ist Landmaschinenmechaniker und wohnt hier in der Nähe. Aber er arbeitet auch öfter mal im Ausland. Das Foto wurde im Irak gemacht.«

Willis Gesicht hatte trotz Schnurrbart etwas Jungenhaftes, und seine blauen Augen blickten mich freundlich an. »Ja, der gefällt mir«, sagte ich. Anita gab Willi meine Nummer, aber er rief erst Wochen später an. Seine Stimme war zaghaft und ich glaube, mein lautes Organ hat ihn ziemlich erschreckt. Trotzdem traf er sich mit mir in einer Gaststätte.

An einem Mai-Nachmittag fuhren wir zeitgleich mit unseren Autos vor. Beim Aussteigen war er mir gleich sympathisch, nur seine Klamotten entsprachen nicht ganz meinem Geschmack: ein mintfarbenes Piquet-Hemd und eine dunkelblaue Hose ohne Gürtel. Daran würden wir arbeiten müssen, wenn aus uns etwas werden sollte.

Später hat Willi mir übrigens mal *sein* erstes Urteil über mich verraten. Das lautete: »Naja, die nimmt bestimmt noch ein bisschen ab.« Gut, dass er das in diesem Moment für sich behalten hat. Eine entscheidende Rolle spielte mein Gewicht später eh nicht mehr. Ich bin noch immer mollig und Willi eine Bohnenstange.

Wir waren die einzigen Gäste in der Kneipe und konnten so ganz in Ruhe die wichtigsten Dinge abklopfen. Willi war geschieden, genau wie ich. Er erzählte, dass er zwei Kinder aus seiner früheren Ehe habe: Christiane, sieben Jahre, und Wilfried, fünf. Mit ihnen war er gerade in das Haus gezogen, das er sich selbst gebaut hatte. Es knisterte nicht gleich, aber es war ein schönes Gefühl, mit jemandem zu reden, der mich so gut verstand.

Willi lag das Flirten nicht. Deswegen war Anita ja auch schon die zweite Heiratsvermittlerin, bei der ihn seine Mutter angemeldet hatte. »Du brauchst eine Frau« – darauf bestand sie.

Und so waren unsere sonntäglichen Treffen zunächst eher praktischer Natur: Willi hatte Ruhe vor seiner Mutter und ich endlich mal wieder einen männlichen Begleiter. Wir schauten uns *Dirty Dancing* im Kino an oder trafen uns auf ein Alsterwasser.

Erst als wir mit unseren drei Kindern einen Ausflug zum Möhnesee machten, sah ich Willi mit anderen Augen. Nach dem Spaziergang aßen wir noch ein Eis, und er wischte Wilma den schokoverschmierten Mund ab. Es war nur eine kleine Geste, aber sie machte mich unheimlich glücklich. Willi war bereit, nicht nur Partner, sondern auch Papa zu sein. An diesem Tag waren wir *eine* Familie – so wie ich es mir immer gewünscht hatte.

Im November küsste ich Willi zum ersten Mal. Er wollte mit ein paar Kollegen zum Herbstfest fahren, und ich holte die Kinder bei ihm ab. Als wir uns wie üblich mit einer Umarmung verabschiedeten, drückte ich ihm schnell einen Kuss auf die Lippen. Überrascht guckte er mich an. In seinen Augen stand Freude, aber auch Angst.

Angst hatten wir beide. Willi und ich wollten nichts überstürzen, denn wenn man Kinder hat, kann man sich das nicht leisten. Man kann nicht jeden Monat mit einer neuen Liebe daherkommen. Aber ich wusste, ich brauchte keine neue Liebe mehr. Ich hatte Willi.

Zwei Jahre später zogen Wilma und ich zu ihm und seinen Kindern ins vier Kilometer entfernte Lügde. Als wir über die Türschwelle traten, rümpfte Wilma die Nase und murmelte: »Hier stinkt's.« Es brauchte eben eine Frauenhand, um aus dem ungemütlichen Junggesellenhaushalt mit kahlen Wänden ein echtes Zuhause zu machen.

Meine größte Sorge waren die Kinder: Würden sie sich auf Dauer verstehen? Doch obwohl Wilma vor einer Sekunde noch gemault hatte, saß sie jetzt im Schneidersitz neben Wilfried und Christiane und schaute sich einträchtig mit ihnen *Das Dschungelbuch* im Fernsehen an.

Für Willi bedeutete unser Einzug eine gehörige Umstellung. Er ist eher der ruhige, zurückhaltende Typ, während ich gerne unter Leute gehe. Kegeln, Singen, Basteln – irgendetwas habe ich immer vor. Aber ein bisschen hat meine Art inzwischen auf ihn abgefärbt. Wir lachen viel zusammen oder machen Fahrradtouren in die Umgebung. Für mich hat Willi sogar die Angst vor dem Wasser überwunden und schwimmen gelernt. Wenn das kein Liebesbeweis ist!

Trotz aller großen Gefühle stand für mich eigentlich immer fest, dass wir nie heiraten würden. Schließlich hatten wir beide erlebt, dass auch ein Ring am Finger keine Garantie für ewige Zweisamkeit ist. 2006 steckte Willi mir aber trotzdem einen an. »Man muss sich ja ein bisschen Zeit lassen, um zu prüfen, ob man wirklich zusammenpasst«, sagte er auf dem Standesamt vor unserer kleinen Hochzeitsgesellschaft. Ja, 19 Jahre sollten dafür wohl reichen.

Als wir frisch getraut aus dem Standesamt kamen, standen plötzlich Freunde, Kollegen und der ganze Schützenverein da. Eigentlich hatten wir nur im kleinen Kreis heiraten wollen, aber auf dem Land ist eben auch das sehr schwierig. Irgendjemand hatte Wind von der Sache bekommen, und so wurden Willi und ich unter lautem Gejubel in eine Kutsche bugsiert, die von einem dicken Trecker gezogen wurde. Laut knatternd rollten wir davon. Ich sah Willi an, der mir gegenübersaß, dann den Ring an meiner rechten Hand und empfand nur eins: Glück. Großes, großes Glück.

Wenn ich heute das Album mit Willis altem Irak-Foto heraushole, muss ich schmunzeln. Sein blondes Haar ist längst grau geworden, aber er ist noch immer genau der Mann, in den ich mich damals verliebt habe. Fürsorglich, lustig und ein toller Vater für unsere drei Kinder. Ich bin unendlich froh, dass ich ihn getroffen habe – dank Anita, der Heiratsvermittlerin. Als es mit mir und Willi geklappt hat, habe ich ihr eine Karte und einen Fleurop-Gutschein geschickt. Aber eigentlich hätte ich ihr als Dank für diesen Mann einen ganzen Blumengarten pflanzen müssen...

GEFESSELT

Elke (44), Krankenschwester, Göttingen
über
Bernd (45), Handwerker, Göttingen

Manchmal muss man vor dem Abgrund stehen, um nicht mehr weglaufen zu können. Manchmal sind total verfahrene Situationen der Beginn eines neuen Weges. Manchmal ist alles einfach – und ganz anders, als man dachte.

Ich stamme aus gutbürgerlichen Verhältnissen. Meine Eltern wünschten sich früher nichts mehr als einen netten, gebildeten und grundsoliden Schwiegersohn, aber mit 21 hatte ich nicht viel übrig für die von ihnen abgesegneten Kandidaten. Viel spannender war Bernd: Handwerker und einfallsreicher Tüftler mit dunkelbraunem Vollbart statt Milchbubigesicht.

Mutter und Vater waren skeptisch, aber ich spürte von der ersten Sekunde an eine starke körperliche Anziehungskraft zwischen uns. Bernd bemühte sich trotz aller Widerstände hartnäckig um mich, war zärtlich und sehr leidenschaftlich. Vielleicht machte unsere Gegensätzlichkeit für mich den besonderen Reiz aus. Ich war zu diesem Zeitpunkt unsicher und unerfahren, Bernd dagegen hatte bereits mehrere Beziehungen hinter sich und dabei schon vieles ausprobiert.

Nach einigen Monaten aber vertraute er mir etwas an, mit dem ich nie gerechnet hätte: Bernd erklärte mir, dass er masochistische Neigungen habe und gerne mal von mir dominiert werden würde – eine Bitte, mit der ich völlig überfordert war! Vor meinem inneren Auge peitschte eine arrogante Domina einen kriecherischen

Sklaven aus – und diese Vorstellung ekelte mich an. Das war doch was für psychisch Gestörte! Wie krank und pervers...

Warum wollte Bernd so etwas? Lag es daran, dass er als Kind so oft geschlagen worden war? Ich grübelte tage- und nächtelang, fragte mich schließlich sogar: Warum kann es nicht andersherum sein? Das wäre zumindest einfacher gewesen, schließlich war Bernd derjenige, der bei uns im Bett den Ton angab.

Nicht mit mir, beschloss ich. Es gab schließlich genug Dinge, die uns beiden Spaß machten, wir hatten beim Sex noch so viel Normales zu entdecken. Ich sprach mit Bernd und wir kamen zu dem Schluss, dass es keinen Sinn machte, etwas zu tun, das einem von uns völlig widerstrebte. Seine Träume blieben Fantasien.

Nach zwei Jahren heirateten wir. Auch wenn wir in Sachen Sex nicht immer einer Meinung waren, gehörten wir zusammen. Bernd war der erste Mann, dem ich vertraute. Auch heute noch versteht er mich wie kein anderer. Aber die Angst, dass ich ihm irgendwann nicht mehr genügen würde, dass er ausbrechen könnte, hing jahrelang wie ein Damoklesschwert über mir. Ab und zu versuchte er noch, mir seine Wünsche schmackhaft zu machen, aber ich wollte nicht darüber reden. Das Thema verunsicherte mich zutiefst. Auch meine eigenen Sehnsüchte konnte ich nicht in Worte fassen. Wenn das Gespräch in diese Richtung ging, blockte ich sofort ab.

Ich liebte es, meine Finger über Bernds Körper wandern zu lassen, und zitterte erwartungsvoll, wenn er das Gleiche bei mir tat. Das Besondere zwischen uns war da, aber über Sex reden, das konnten wir nicht. Wenn wir es versuchten, war es so, als würden wir verschiedene Sprachen sprechen.

Nach über 15 Ehejahren geriet Bernd in eine große Krise: Er veränderte sich zusehends, zog sich zurück, wich mir aus. Er erschrak, wenn ich ins Zimmer kam, während er am Computer saß. In seinen Augen konnte ich das schlechte Gewissen sehen. Er hatte eine Affäre, davon war ich überzeugt, aber ich versuchte mir einzureden, dass es nur eine Phase sei, die vorübergehen würde. Wie dumm von mir! Es wurde immer deutlicher, dass Bernd etwas Gravierendes vor mir verbarg.

Als er ein paar Tage beruflich unterwegs war, wollte ich eine Lampe reparieren und suchte in der Werkstatt nach einem Schraubenzieher. Normalerweise war das sein Revier, aber da er nicht da war, musste ich die Reparatur vornehmen. Ich öffnete die große Werkzeugschublade und kramte darin herum. Plötzlich entdeckte ich zwischen Nägeln, Schleifpapier und Sägen sieben oder acht zusammengefaltete Blätter Papier. Natürlich war ich neugierig. Ich glättete die Seiten und begann zu lesen. Es handelte sich um ausgedruckte E-Mails von Bernd. Sie alle hatten denselben Adressaten: eine Frau.

Schon nach wenigen Sätzen bewahrheiteten sich meine schlimmsten Befürchtungen. Was ich in den Händen hielt, waren ziemlich eindeutige Nachrichten, die Bernd an eine Domina geschickt hatte. Bei fast allen Mails fehlte das Datum, aber eine war vor über zwei Jahre verfasst worden.

Hatte er mich schon so lange hintergangen? Ich war geschockt, ohne wirklich überrascht zu sein. Zitternd wählte ich Bernds Handynummer. »Ich weiß Bescheid über deine Affäre«, sagte ich und legte wieder auf, bevor er sich rechtfertigen konnte. Ich wollte keine Diskussion am Telefon.

Zwei Tage vergingen, an denen mal Zorn, mal Verzweiflung, mal Selbstvorwürfe die Oberhand gewannen. In der einen Minute plante ich den Besuch beim Rechtsanwalt, in der anderen kamen Erinnerungen an Momente voller Nähe und Zuneigung hoch. Ich wünschte mir, ich könnte Bernd für diesen Betrug hassen, aber das ging nicht. Trug nicht auch ich eine Mitschuld an seinem Verhalten? Schließlich hatte ich ihn nicht glücklich gemacht, war feige gewesen – und jetzt war es zu spät, um das wiedergutzumachen.

Aber warum diese jahrelange Lügerei? Wie konnte Bernd mich so verraten? Das Schlimmste war der Gedanke, dass er gegen seinen Willen mit mir zusammen gewesen war und nur mit mir geschlafen hatte, damit ich nichts merkte. Ich brachte keine Träne raus, es ging einfach nicht. Ich war entschlossen, so vernünftig und schnell wie möglich die Scheidung durchzuziehen. Ich liebte Bernd noch immer, aber ich wollte keinen Mann, der mich nicht mehr wollte. Das würde mein Stolz niemals zulassen.

Dann stand Bernd plötzlich in der Tür, einen Tag früher als geplant. Als er fragte, ob ich ihn anhören würde, klopfte mein Herz wie verrückt. Schlimmer als dieses Warten auf den endgültigen Tod unserer Liebe konnte eigentlich nichts sein, deshalb nickte ich.

Wir saßen uns gegenüber und sprachen bis tief in die Nacht. Keine Ausreden mehr, alles kam auf den Tisch. Bernd erzählte, dass seine Gedanken und Wünsche irgendwann übermächtig geworden seien. Er habe mich nicht länger damit belasten wollen und jede Hoffnung auf Verständnis von meiner Seite aufgegeben. Am Rande einer Depression habe er über das Internet Kontakte geknüpft, um sich mit seinen sexuellen Vorlieben auseinanderzusetzen. Dort habe er sich zum ersten Mal als Teil einer Gemeinschaft gefühlt, in der seine Neigung etwas ganz Normales war.

»Die erste Domina habe ich vor zwei Jahren online gefunden«, gestand er und schaute mir dabei direkt in die Augen. »Das ist die aus den E-Mails, die du entdeckt hast.« Statt mit Geld habe er sie in Naturalien bezahlt, also mit seinem handwerklichen Können. Sein Bild von der übermenschlichen dunklen Göttin habe sich seitdem aber geändert, gab er zu: »Ich weiß jetzt, dass sich manches im Kopfkino besser anfühlt als in der Wirklichkeit.«

Schließlich hatte er den Kontakt abgebrochen, aber er war schon zu weit gegangen, um seine Lust aufzugeben. Er hatte sich mit einer anderen Domina getroffen und regelmäßig für sie gearbeitet. »Sie schlug mir vor, auch mal die Rollen zu tauschen«, erzählte er. »So habe ich meine dominante Seite kennengelernt.«

Es war so viel auf einmal, was da aus ihm heraussprudelte. Geheimnisse über Geheimnisse, die er mir bis jetzt nie hatte anvertrauen können. Es fiel mir schwer, das alles zu glauben. Besonders diesen einen Satz: »Du warst immer die Frau, die ich geliebt habe, mit der ich zusammen sein wollte.«

Ich sah, dass es ihn fast zerriss. »Ich liebe dich«, sagte er wieder. »Aber wenn du verlangst, dass ich dir zuliebe alles aufgebe, kann ich es nicht versprechen. Dann beginnt es irgendwann von vorn und das will ich nicht mehr.«

Später in der Nacht fragte Bernd, ob er auf dem Sofa übernachten solle. Ohne zu überlegen, antwortete ich: »Nein.«

Im Bett schlief er sofort neben mir ein, erleichtert, dass nun endlich alles raus war. Ich aber wälzte mich stundenlang hin und her, war viel zu aufgewühlt zum Schlafen. Meine Gedanken fuhren Karussell: Vielleicht wäre es besser, sich doch zu trennen, bevor er mich noch mehr verletzte. Ich hätte jedes Recht der Welt dazu nach allem, was geschehen war. Aber mein Herz sagte: Wir werden einen Weg finden.

Und dann war da noch diese unerklärliche Erregung beim Gedanken an seine neu entdeckte dominante Seite. Es fühlte sich an, als habe Bernd durch diese Beichte eine Tür in meinem Innern geöffnet, die ich vor Jahren fest verrammelt hatte. Als er aufwachte, schaute ich ihn an. Er flüsterte: »Ich würde dich gerne in den Arm nehmen.«

»Dann mach's doch«, erwiderte ich.

Bernds Berührungen waren vertraut und trotzdem aufregend wie beim ersten Mal. So vorsichtig hatte er mich noch nie geküsst. Sehnsucht und Leidenschaft überrollten jeden vernünftigen Gedanken…

Nachher wussten wir nicht, ob diese Situation zum Lachen oder Weinen war. Vielleicht stimmt es wirklich, dass guter Sex in Ehekrisen hilft, aber eines leuchtete uns ein: Wir waren noch lange nicht am Ende miteinander.

Ein Jahr ist seitdem vergangen, und die letzten Monate waren eine spannende Zeit. Wir haben unglaublich viel über uns selbst und einander gelernt und gemeinsam Erfahrungen gemacht, die wir früher nicht für möglich gehalten hätten. Ich habe einiges über BDSM gelesen, eine Abkürzung, die sich aus den Anfangsbuchstaben der englischen Begriffe »Bondage & Discipline«, »Dominance & Submission«, »Sadism & Masochism« zusammensetzt. Unter BDSM sind eine Vielzahl von Praktiken und Neigungen zusammengefasst, die auf verschiedenste Weise ausgelebt werden. Eine deutliche Grenze zwischen fantasievollem Sex und richtigem BDSM gibt es nicht. Schließlich praktizieren viele Paare Fessel- oder Machtspiele, ohne sich gleich zur Szene zu zählen.

Aber was für mich wichtig ist: Ich weiß jetzt, was ich will und was mir guttut. Im letzten Jahr bin ich viel selbstbewusster geworden. Zum ersten Mal kann ich mir meine ganz persönlichen sexuellen Vorlieben eingestehen. Ich gehöre zu den Frauen, die einerseits zu selbstbestimmt sind, um im Alltag mit einem totalen Macho zurechtzukommen, die aber andererseits einen starken Kerl an ihrer Seite wollen, der ihnen zwischendurch mal zeigt, wo es langgeht.

Unseren Alltag leben Bernd und ich gleichberechtigt wie zuvor, aber im Schlafzimmer genießen wir Spiele, bei denen es um Dominanz geht. Das Erregende daran ist nicht allein der lustvolle Schmerz – unser Miteinander auf die Formel »Schmerz gleich geil« zu reduzieren, wäre total daneben. Es geht vielmehr um Vertrauen und Hingabe, darum, genau aufeinander zu achten. Bondageseile können das Gefühl des Sich-Auslieferns verstärken und auch Accessoires wie Feder, Gerte, Peitsche oder Handschellen helfen. Zwangsläufig notwendig sind sie aber nicht.

Wir switchen: Bernd und ich übernehmen abwechselnd den dominanten und den unterlegenen Part. Ich habe die überraschende Entdeckung gemacht, dass ich beides genießen kann. Intimität auf Augenhöhe ist aber genauso wichtig. Bernd und ich sind uns näher als je zuvor. Wir reden viel miteinander und freuen uns, dass wir zusammen sein können. Noch immer staunen wir darüber, dass gerade uns so etwas passieren konnte.

TIPPFEHLER MIT FOLGEN

Sabina (41), Kundenberaterin, München
über
Nicolas (42), Leiter eines Call-Centers, München

Es begann mit einem Piepen meines Handys im Frühjahr 2001: »Hallo, wie geht's?«

Unter der SMS stand kein Name, aber anhand der ersten Ziffern meinte ich, den Verfasser als meinen Freund Michael zu identifizieren.

»Danke, gut. Und dir?«, schrieb ich zurück.

»Bin im Stress.«

Moment mal. Michael war Buddhist und darum nie im Stress – den »ooohmte« er nämlich einfach weg. Eine weitere SMS brachte die Lösung: »Sorry, Zahlendreher. Hab mich vertippt«, textete der oder die Fremde.

»Macht ja nichts.«

Zu meiner Verwunderung piepte es ein weiteres Mal: »Wo bin ich denn gelandet?«

»Bei Sabina aus Bremen.«

»Ich bin Markus aus Nürnberg.«

Warum wir in den nächsten Wochen in Kontakt blieben, kann ich nicht erklären. Wir wussten schließlich kaum etwas voneinander. Es war wohl genau dieser Reiz des Unbekannten, der uns weiter SMS-Botschaften schreiben ließ.

»Guten Morgen, Nürnberg! Wünsche dir einen schönen Tag.«

»Schlaf gut, Bremen.«

Ich schickte ihm meine Eckdaten: »Bin 32, Optikerin, reite Rennpferde, singe im Chor und erziehe meinen Sohn.« Anscheinend begann er, sich ernsthaft für mich zu interessieren, denn kurz darauf gab meine Handy-Bekanntschaft zu: »Ich heiße gar nicht Markus. Mein richtiger Name ist Nicolas.«

Typisch Mann: Immer schön ein Hintertürchen offen lassen ...

Als ich eines Samstagmorgens aus der Dusche kam, hatte ich plötzlich eine Nachricht auf der Mailbox. »Jetzt haben wir uns schon so oft geschrieben, da wollte ich endlich mal persönlich mit dir quatschen«, sagte Nicolas. Seine tiefe Stimme hörte sich brummig-warm an, wie die Klänge eines Cellos. »Schade, dass ich dich nicht erwische. Meld dich, wenn du Lust hast.« Mit weichen Knien ließ ich mich aufs Bett fallen. Das war die schönste Stimme, die ich je gehört hatte!

Am Nachmittag kam meine beste Freundin Katja zum Kaffee. Grinsend hielt ich ihr mein Handy ans Ohr und spielte die Nachricht ab. Ihre Augen wurden immer größer, dann meinte sie: »Der isses, Sabina! Der isses!«

Als Katja weg war, rief ich Nicolas zurück. Zu meiner Überraschung übersprangen wir den üblichen Smalltalk, sprachen stattdessen recht schnell über Dinge, die uns wirklich bewegten. Bei Nicolas hatte ich gleich das Gefühl, über alles reden zu können. Auch über meine gescheiterte Ehe, die mir immerhin eine bleibende Bereicherung beschert hatte: meinen Sohn Cyril, damals sieben.

Nicolas verriet mir, an wen seine SMS eigentlich adressiert gewesen war: Am Abend zuvor hatte er auf einer Party eine Frau aufgerissen und sich dann beim Eintippen der Nummer vertan. War das nun Zufall oder Schicksal?

Wir würden es herausfinden: »Ich bin übernächste Woche drei Tage geschäftlich in Bremen. Sollen wir uns da nicht mal treffen?«, fragte Nicolas.

»Gerne«, antwortete ich, weil ich höllisch gespannt war auf den Mann mit dieser tollen Stimme.

Wir hatten ein Treffen für Dienstag vereinbart, aber da mein Date-Lampenfieber ins Unermessliche stieg, überrumpelte ich ihn schon am Montag: »Hast du heute Abend Zeit?« Ich hielt es einfach nicht länger aus!

Insgeheim vermutete ich allerdings das Schlimmste: Dieser Frauenversteher mit dem sexy Tonfall konnte nicht auch noch optisch meinem Beuteschema entsprechen. Die Traummannseifenblase würde hundertprozentig zerplatzen. Je früher das geschah, desto besser. Nicolas spielte mit: Wir verabredeten uns abends in der Lobby seines Hotels – das Atlantic, gleich um die Ecke von meiner Wohnung.

Schwieriger gestaltete sich da die Outfit-Frage. Nicolas war ein ziemlich cooler Typ, so viel hatte ich durch unsere Telefonate herausbekommen. Er ging in die hippsten Clubs von Nürnberg und legte viel Wert auf Stil.

Ich accessoirisierte mich also mit dem Besten, was mein Kleiderschrank zu bieten hatte: eine Donna-Karan-Jeansjacke und Versace-Pumps aus Zebrafell. Die Tage davor hatte ich kaum etwas gegessen, stöckelte extraschlank in die Hotellobby.

Mit rasierklingenscharfem Blick scannte ich nacheinander die Männer im Raum: Nein, der mit dem Anzug war zu alt. Nein – nein – nein. Der auf dem Sofa? Zu viele Haare. Nicolas hatte eine Glatze, so viel wusste ich.

Und auf einmal kam ein Kerl die Treppe heruntergeschlendert, der aussah wie eines dieser Boss-Models: markantes Gesicht, schokobraune Augen, Dreitagebart, braungebrannt – und Glatze!

»Bist du Sabina?«, fragte er. Ich erkannte die Stimme sofort und war wie vom Wahn zerhackt. Auf gut Deutsch: kurz vorm Durchdrehen! »Pack ein«, sagte mein selbstbewusstseinverlierendes Ich. »Bei dem Typen hast du kleines hässliches Entchen doch überhaupt keine Chance!« Nicolas konnte locker jede haben. Warum sollte er da gerade mich toll finden?

Ich ging in die Defensive. Bei Schönlingen muss man vorsichtig sein, die sind meist fürchterlich arrogant. Aber Nicolas überzeugte mich bei mehreren Caipirinhas an der Hotelbar vom Gegenteil. Er war zuvorkommend, intelligent und brachte mich zum Lachen. Ich hätte ewig mit ihm dasitzen können. Trotzdem verabschiedete ich mich nicht allzu spät mit Küsschen links und Küsschen rechts. Flirtregel Nummer eins: Nur nicht gleich abheben.

»Wie sieht's denn mit unserem Date von morgen aus?«, raunte Nicolas und sein warmer Atem streifte meinen Hals. »Das steht doch noch, oder?«

Ich schluckte, musste mich räuspern. »Natürlich. Holst du mich nach der Arbeit ab?«

Am nächsten Abend folgte das Romantik-Programm: ein Spaziergang entlang der Weser plus Candlelight-Dinner. Danach versackten wir ganz klassisch am Tresen einer Bar namens Heartbreak Hotel. Mein Herz hatte Nicolas da schon fest im Griff. Kurz vor Sonnenaufgang lud ich ihn auf einen Kaffee bei mir ein und servierte ihm einen Kuss dazu, den er oscarreif erwiderte. Alter Schwede, dieser Kerl beherrschte sein Handwerk!

Die dritte und letzte Nacht endete in Nicolas' Hotelzimmer. Ja, das ging sehr schnell. Aber genau wie meine Freundin es geahnt hatte, wusste auch ich: Der isses! Außerdem mussten wir die drei Tage effektiv nutzen, um uns näher kennenzulernen...

Ein Jahr lang pendelten wir zwischen Bremen und Nürnberg – bis Nicolas im Juni 2002 ein Job in München angeboten wurde. »Willst du mitkommen?«, fragte er mich, und ohne lange überlegen zu müssen, brach ich meine Zelte im Norden ab.

Nur zwei Monate später heirateten wir – in Apulien, denn Nicolas ist Halbitaliener und hat dort viele Verwandte. Während des Sommers regnet es in dieser Region so gut wie nie, aber unser

Hochzeitstag war die berühmte Ausnahme: Ein halbes Weltmeer ergoss sich über uns. Wir sahen es als gutes Zeichen. Schließlich besagt ein italienisches Sprichwort: »Una sposa bagnata è una sposa fortunata.« – »Eine nasse Braut ist eine glückliche Braut.«

Dieser Spruch schien zu stimmen: Die ersten Ehejahre liefen spitze. Als 2004 unser gemeinsamer Sohn Cosmo geboren wurde, waren Nicolas und ich überglücklich. Doch irgendwann ließen wir uns vom Alltag verschlucken. Aus Geliebten wurden Rund-um-die-Uhr-Eltern. Eltern, die sich immer heftiger über die Erziehung ihrer Kinder und dumme Nebensächlichkeiten stritten. Ich hatte vor Nicolas eben lange allein gelebt und war es gewohnt, Entscheidungen auf eigene Faust zu treffen. Ich überging ihn oft und heute weiß ich, dass das falsch war – aber hinterher ist man ja immer schlauer.

Es flogen richtig die Fetzen, wir kamen nicht mehr raus aus dieser elendigen Wutspirale. Im Juni 2008 sah ich keinen anderen Ausweg mehr als eine Trennung. Ich zog mit den Kindern aus und wenig später nahm sich auch Nicolas eine eigene kleine Wohnung. Er war ziemlich niedergeschlagen, aber ich hielt es für wichtig, dass wir beide in Ruhe die Wunden lecken konnten, die wir einander zugefügt hatten. Den Rest des Jahres verbrachten wir damit, herauszufinden, ob es für uns eine gemeinsame Zukunft geben würde.

Unsere Liebe war nicht tot – aber so mickrig wie eine Blume, die lange kein Wasser mehr gesehen hat. Und zuerst war ich mir auch gar nicht sicher, ob ich sie je wieder gießen wollte. Vielleicht war es ja besser für uns beide, wenn wir uns scheiden ließen. Solo und ohne Geschrei lebte ich auf jeden Fall entspannter. Auch Nicolas schien das Singledasein zu genießen.

Aber an Weihnachten passierte etwas, das mir die Augen öffnete. Ich bekam Besuch von einem alten Freund, der gerade seine Scheidung hinter sich hatte. Er weinte wie ein Schlosshund und bereute zutiefst seine Sturheit. Ein Zurück gab es in seinem Fall nicht mehr, und ich spürte, wir er daran zerbrach.

Ich kam mir vor wie der böse Scrooge in der Weihnachtsgeschichte von Dickens, dem ein Geist den Blick in die eigene Zukunft gewährt. So wollte ich nicht enden. Ich liebte Nicolas doch immer noch! Mit einer halben Flasche Jägermeister intus wählte ich um kurz nach Mitternacht seine Nummer. Als nur die Mailbox dranging, hielt ich den Hörer ganz nah an die Lautsprecherbox. Ich hatte unser Lied aufgelegt: *Windmills of Your Mind* von Sting. Nach ein paar Takten rief ich verzweifelt in den Hörer: »Hörst du das? Denk mal nach!«

Ich musste nicht lange auf den Rückruf warten. Schon am nächsten Tag trafen wir uns. Ich machte die Tür auf, Nico stand da und ich warf mich in seine Arme. Erst als ich seine Wärme spürte, wurde mir klar, wie sehr ich meinen Mann vermisst hatte. Wir setzten uns zusammen hin und sprachen endlich wieder ganz offen und ruhig miteinander – so wie am Anfang, als wir einander noch wie normale Menschen behandelt hatten.

Nico und mir ist klar, dass unsere Beziehung nur dann funktionieren kann, wenn wir uns Zeit zu zweit gönnen. Daher gehen wir jetzt ein- bis zweimal pro Woche zum Salsakurs, planen Urlaube und schauen uns auch schon wieder nach einer gemeinsamen Wohnung um. Wir wagen einen zweiten Versuch. Wie der ausgeht, weiß ich noch nicht. Aber in einer Sache bin ich mir sicher: Ich liebe Nico und er liebt mich. Das mit uns ist eine Never Ending Story.

LIEBESKUMMER LOHNT SICH DOCH!

Rosmeri (37), Kosmetikerin, Medelby
über
Victor (46), Ingenieur, Madrid

Wie oft lässt sich ein gebrochenes Herz kitten? Diese Frage habe ich mir in den letzten drei Jahren häufig gestellt.

Eigentlich war Deutschland mein Glücksland: 1994 reiste ich aus meiner Heimat Brasilien ins Allgäu, um mich dort ein Jahr lang als Au-pair um drei Kinder zu kümmern. Ich verliebte mich in die wunderschöne Gegend – und in meinen zukünftigen Ehemann. Alles war wunderbar! Zwei Jahre später heirateten wir, zogen zusammen nach Schleswig-Holstein und bekamen zwei Söhne: Enrique und Benedict, die heute sechs und zwölf Jahre alt sind.

Doch mit der Zeit kühlten die Gefühle zwischen uns ab. Mein Mann konzentrierte sich mehr auf seine Karriere als auf uns. 2006 gab es schließlich keinen anderen Ausweg mehr als eine Scheidung. Das zu ertragen kostete mich enorm viel Kraft. Ich bin nämlich sehr altmodisch, und als der Pfarrer gesagt hatte »bis dass der Tod euch scheidet«, hatte ich fest daran geglaubt, dass unsere Liebe ein Leben lang halten würde. Jetzt aber würde uns nicht der Tod scheiden, sondern ein Gericht.

Zwei Jahre lang blieb ich Single, bis ich einen neuen Mann kennenlernte. Wir hatten viel gemeinsam, die Kinder mochten ihn und ich fing an, Zukunftsluftschlösser zu bauen. Doch nach acht Monaten machte er einfach Schluss! Mein brasilianisches Temperament war wohl zu viel für ihn.

Für mich brach eine Welt zusammen. Nach der Scheidung von meinem Mann hatte ich mich Benedict und Enrique zuliebe so weit wie möglich zusammengerissen und nur heimlich im Schlafzimmer geweint. Doch die erneute Liebespleite war zu viel für mich. Ich fühlte mich hundeelend, konnte kaum etwas essen, schlief keine Nacht mehr durch. Vom Arzt ließ ich mir Beruhigungsmittel verschreiben, die die Misere ertragbar machten. Gerade als ich mich wieder einigermaßen gefangen hatte, rief mein Exfreund an. »Können wir uns sehen?«, fragte er. »Ich glaube, ich habe einen Fehler gemacht.«

»Nein! Nein! Nein!«, schrie mein Verstand, aber Gefühle kann man nicht einfach abschalten. Ich liebte ihn und darum sagte ich zu. An diesem Abend entschieden wir uns für einen zweiten Anlauf. Ich war überglücklich. Jetzt würde doch noch alles gut werden!

Drei Wochen lang war alles Friede, Freude, Eierkuchen, aber dann kam der Abend, an dem um halb elf mein Handy klingelte. Er war dran. »Wir passen nicht zusammen, das ist mir jetzt klar geworden«, sagte er. »Es hat keinen Sinn.«

Warum benahm sich ein erwachsener Mann wie ein pubertierender Teenager, der nicht weiß, was er wirklich will? Warum behandelte er mich nicht mit mehr Respekt? Vielleicht lag es ja an mir! Ich zerbrach mir den Kopf darüber, was ich falsch gemacht hatte. Welche meiner Verhaltensweisen führte bloß immer wieder dazu, dass mich die Männer fallen ließen wie eine heiße Kartoffel?

Sechs Tage nach diesem Horror-Telefonat stieg ich mit meinen Jungs in einen Flieger. Mir war zwar gar nicht nach Urlaub, aber den Trip nach Santomera an der spanischen Südostküste hatte ich schon vor langer Zeit geplant. Wir wollten dort meinen alten Freund Antonio besuchen. Als er uns am Flughafen abholte, bekam er einen richtigen Schreck: »Was ist denn mit dir los?« Meine Augen waren rot vom vielen Heulen, darunter lagen dunkle Schatten.

Die ersten Tage in Santomera waren eine Tortur. Wenn die anderen gut gelaunt am Tisch saßen und lachten, zog auch ich die Mundwinkel hoch – aber das war nur eine schwache Maskerade.

»Mensch, Rosi, ich kann nicht mitansehen, wie du dich quälst«, sagte Antonio und nahm mich in den Arm. »Du musst diesen Blödmann ein für alle Mal vergessen!«

»Aber wie denn bloß?«

»Ich kenne da einen Trick, der dir sicher hilft: Setz dich auf einen Felsen und schau aufs Meer hinaus. Stell dir das Gesicht deines Exfreunds im Wasser vor und lass es langsam von den Wellen forttragen. Das machst du ab jetzt jeden Tag zwanzig Minuten lang. Du wirst schon sehen, bald bist du wieder ganz die Alte!«

Da ich sowieso nichts Besseres zu tun hatte, beherzigte ich Antonios Rat und hockte mich auf eine Klippe mit Blick aufs Mittelmeer. Ich konnte es kaum glauben, aber diese Liebeskummer-Strategie half wirklich: In der Nacht nach meiner ersten Felsensitzung konnte ich zum ersten Mal seit der Trennung durchschlafen. Nachdem ich die Übung ein paarmal gemacht hatte, ging es mir so gut, dass ich mich mit einem Buch an den Strand legte und anfing, unseren Urlaub wirklich zu genießen.

Einige Tage später fuhr meine Freundin Regina mit mir und meinen Jungs an einen Strand mit dem Namen Campoamor, was auf Deutsch so viel wie Landschaft der Liebe heißt. Als ich das Schild mit dem Namen sah, wurde mir ganz anders. Liebe? Die war für mich vorerst gestorben. Dachte ich …

Als ich neben Regina im Sand lag, fiel mir ein Mann mit zwei Kindern ins Auge, der seinen olivfarbenen Armeerucksack nur wenige Meter von uns entfernt in den Sand plumpsen ließ. Ich stupste Regina mit dem Ellenbogen an: »Sieht der nicht süß aus?«

»Ja«, sagte sie, »aber der ist bestimmt verheiratet. Seine Frau steht sicher gerade am Herd und kocht für heute Abend.«

»Das glaube ich nicht. So wie der gepackt hat, hat der keine Frau«, fachsimpelte ich, während der Fremde dunkelblaue Handtücher und schwarze Badeshorts aus dem Rucksack zog. »Das ist alles viel zu männlich. So was sucht doch keine Frau aus.«

Ich beobachtete ihn genau. Er war ein sehr liebevoller Vater. Statt seine Söhne beim Namen zu rufen, nannte er sie »Cariño«, also Liebling. Er cremte die beiden sorgsam mit Sonnenlotion ein und half ihnen, ein Loch zu buddeln und es mit Wasser zu füllen. Seine ruhige Art gefiel mir. Immer wieder linste ich hinüber und lächelte. Irgendwann nahm der Zweifachpapa seine Sonnenbrille ab und schaute mich an. Was für tolle dunkle Augen! Ich konnte nichts dagegen tun: Auch wenn ich gerade erst ein Liebes-Aus hatte verdauen müssen, sorgte sein Blick bei mir für Hormonwirrwarr.

Als mein gut aussehender Strandnachbar schließlich mit seinen Kids ins Wasser ging, folgte ich ihm. Unsere Blicke kreuzten sich immer wieder. Als die Kinder aus dem Wasser rannten, kam er zu mir rüber. »Hola«, sagte er freundlich und fragte, ob ich Spanisch sprechen würde. »Sí«, antwortete ich. Wir unterhielten uns ein bisschen und dabei kam heraus, dass Victor allein mit seinen Söhnen Urlaub machte – genau wie ich vermutet hatte. Von einer Freundin oder Frau war nicht die Rede, aber das hieß ja noch nicht viel. Langsam schlenderten wir zurück zu unseren Handtüchern. Dort hatten sich unsere vier Söhne, die ungefähr im selben Alter waren, inzwischen auch bekannt gemacht und spielten gemeinsam in dem großen Sandloch. Victor und ich schauten uns an und mussten laut lachen.

Am Tag darauf machten wir mit den Kindern eine Tour im Schlauchboot – wie eine große, glückliche Familie! Victor verstand sich prima mit meinen Jungs. Von einem Mann mit so viel Herz hatte ich immer geträumt! Beim Abendessen erzählte er, dass er sich vor einem Jahr von seiner Frau getrennt habe. Normalerweise wohnten der zehnjährige Javier und der neunjährige Jorge bei ihrer Mutter, er passte alle 14 Tage auf sie auf. Victor war also wirklich Single! Hoffnung ließ meine Augen blitzen.

Wir wurden zum unzertrennlichen Sechserpack – bis Victor und ich uns schließlich auch mal ein paar Stunden unter vier Augen erlaubten. Wir gingen spazieren, setzten uns auf eine Bank hoch über dem Meer. Er schaute mir tief in die Augen und küsste mich zärtlich. Ich konnte mein Glück kaum fassen!

Während der letzten Urlaubswoche trafen wir uns täglich am Strand und telefonierten abends noch lange. Doch dann kam der gefürchtete Abreisetag: Benedict, Enrique und ich mussten um 14 Uhr am Flughafen sein und Victor wollte mich vorher unbedingt noch sehen. Wir gingen auf einen Spielplatz, wo die Kinder zusammen abdüsten. »Ich vermisse dich jetzt schon«, flüsterte Victor und holte ein Geschenk aus seiner Tasche. Ein zartes Goldkettchen, das er mir behutsam um mein rechtes Fußgelenk legte. »Das ist für dich, Amor. Damit du jeden Tag an mich denkst.« Wir beschlossen, es ernsthaft miteinander zu versuchen, auch wenn wir in zwei verschiedenen Ländern lebten. »Dass du weit weg wohnst, stört mich nicht«, erklärte Victor. »Mir ist es so lieber, als wenn ich dich nie kennengelernt hätte.« Als wir uns zum letzten Mal umarmten, hatte er Tränen in den Augen.

Vier Monate liegt dieser Urlaub nun zurück. Seitdem telefonieren Victor und ich jeden Tag mindestens zwei Stunden. Jeden Morgen vor der Arbeit und abends vor dem Schlafengehen skypen wir. Tagsüber schreibt er mir süße SMS oder wir rufen uns in der Mittagspause schnell an. Ich vermisse ihn jede Minute.

Unsere Verwandten erklären uns schon für verrückt und langsam glaube ich das auch. Wir sind wirklich verrückt – nacheinander! Vor zwei Monaten hat Victor mich und die Jungs für fünf Tage in Medelby besucht, in ein paar Wochen fliege ich nach Madrid und lerne seine Familie kennen.

Victor und ich haben so viel Spaß miteinander! Er ist der erste Mann, der mich so nimmt, wie ich bin. Ich liebe einfach alles an ihm. Bei Victor fühle ich mich unendlich geborgen, ich könnte mir sogar vorstellen, noch mal zu heiraten.

Erst heute hat er mir wieder eine SMS geschickt: »Amor, me encantaría vivir a tu lado todos los días de mi vida.« – »Meine Liebe, ich würde so gerne jeden Tag meines Lebens an deiner Seite verbringen.«

Das ist auch mein größter Wunsch. Ob in Deutschland oder Spanien, das haben wir noch nicht entschieden. Aber egal welche Wahl wir treffen: Mein Zuhause könnte überall auf der Welt sein. Hauptsache, ich habe Victor an meiner Seite.

MEHR ALS EIN FREUNDSCHAFTSZUG

Doris (53), Filialleiterin, Niendorf bei Rostock
über
Norbert (52), KFZ-Mechaniker, Niendorf bei Rostock

Wer sich in der DDR gesellschaftlich engagierte oder besonders gute Arbeit leistete, wurde mit einer Fahrt im sogenannten Freundschaftszug ausgezeichnet. Das waren staatlich organisierte Reisen auf Schienen, die meist in die Sowjetunion gingen. 1980 ergatterte auch ich einen der begehrten Plätze – weil ich mit gerade mal 24 Jahren Vertrauensfrau und Taktstraßenleiterin in einer Großwäscherei war.

Gerhard, ein Freund von mir, erhielt auch eine Einladung, und so machten wir uns an einem Oktobernachmittag gemeinsam auf den Weg zum Rostocker Hauptbahnhof. Dort war der Teufel los: Rund 250 Menschen aus der Umgebung von Rostock und Schwerin wuselten am Bahnsteig herum und suchten ihre Plätze im Zug. Über Minsk und Riga würde er uns bis nach Leningrad bringen – ein zehntägiger Ausflug, für den wir sogar Sonderurlaub bekamen. Vor der Abfahrt erhielt jeder einen Verpflegungsbeutel mit Salami, Wodka, Bananen und Orangen. Eine prima Sache, denn an Südfrüchte kamen wir sonst so gut wie nie ran!

Da die Wagons nach Berufsgruppen aufgeteilt waren, wurde Gerhard ans Zugende geschickt, wo die Jungs vom Bau saßen. Ich nahm im fünften Wagen neben meiner ehemaligen Kollegin Erna Platz, die schon länger in Rente war.

Die Fahrt nach Minsk würde über zwanzig Stunden dauern, daher war ich in meinen bequemen Trainingsanzug geschlüpft.

Unser Vierer-Liegeabteil duftete schnell nach frisch geschälten Orangen. Die Stimmung war betulich, denn ein Großteil der Mitreisenden war jenseits der fünfzig. Leute in meinem Alter gab es nur wenige, deshalb beschloss ich nach einigen Stunden, Gerhard einen Besuch abzustatten.

Eine gute Idee: In seinem Wagon ging richtig die Post ab! Hier feierten viele junge Kerle, die anscheinend zuerst den flüssigen Inhalt der Proviantüte in Angriff genommen hatten. Sie sangen zu den Klängen einer Gitarre und erzählten sich laut grölend Witze. Einer kam mir im Gang entgegen: »Hier gibt's auch Mädchen?«, jubelte er.

»Ja«, antwortete ich knapp und ohne genauer hinzusehen, da ich auf einer der Sitzbänke Gerhard erspäht hatte.

Die Herrenrunde in seinem Abteil empfing mich fröhlich. Während wir unseren Spaß hatten, beobachtete ich, wie meine Gang-Bekanntschaft unaufhörlich vorbeiwieselte. Mein Sitznachbar zeigte auf ihn und erzählte: »Der, der hier immer so reinglotzt, hat in Rostock unsere Scheiben gewienert.« Der Pechvogel hatte vor der Abfahrt sein Zugfenster von außen geputzt, um besser rausschauen zu können – aber leider in der Hektik das falsche erwischt. Das ganze Abteil johlte vor Schadenfreude.

Nachdem wir die Grenze zur Sowjetunion überquert hatten, schob die Schaffnerin einen Samowar mit Tee durch den Zug, woraufhin einige der Männer ihre Flachmänner zückten und sich einen Grog mischten. Das heizte ein – die Stimmung kochte. Es war wie eine Klassenfahrt, auf der wir, dank fehlender Aufsicht, immer mehr aufdrehten.

Am nächsten Nachmittag erreichten wir Minsk und wurden zum Hotel gebracht. Nach einer schnellen Dusche trafen wir uns wieder unten an der Bar. Gerhard stand schon da, in Begleitung von drei anderen Jungs. Einer davon war der Fensterputzer. Er streckte mir charmant die Hand entgegen. »Ich bin Norbert.«

»Ach du Scheiße, ein Sachse!«, platzte ich heraus. Ich war an der mecklenburgischen Ostseeküste groß geworden und fand seinen breiten Dialekt unmöglich. Doch das ließ Norbert nicht auf sich sitzen. »Ich bin kein Sachse. Ich komme aus Thüringen, und das ist ein großer Unterschied«, erwiderte er beherrscht und erklärte, dass er inzwischen auch in Rostock wohne.

Eigentlich sah er ja ganz süß aus: Norbert war schlank, hatte schwarzes Haar, einen kleinen Schnauzer und große braune Augen. Wir tranken einen Aussöhnungssekt, dem in dieser Nacht noch einige folgten. Dialekt hin oder her – ich fand, dass Norbert ein echt netter Kerl war.

Am nächsten Tag war Kultur angesagt: Große Reisebusse fuhren uns durch die Stadt und zum Ehrenfriedhof. Weil die Jungs so nett waren, saß ich ab sofort bei ihnen im Bus – quasi als Henne im Korb. Uns wurde während der Reise einiges geboten: In der Oper von Riga sahen wir *Madame Butterfly* und in Leningrad spazierten wir durch die Eremitage, den ehemaligen Winterpalast der Zarenfamilie.

Wir verbrachten tolle Tage, an denen ich viel lachte – hauptsächlich mit Norbert. In Leningrad fragte er mich eines Abends, ob wir nicht mal allein spazieren gehen wollten. Das Thermometer zeigte minus 15 Grad an, aber ich sagte trotzdem Ja. Schließlich hatte ich ein gewaltiges Kribbeln im Bauch. Und nichts hätte mich so schön warmhalten können wie der erste Kuss, den Norbert mir auf einer der vereisten Brücken gab, die über die Newa führten.

Der Flirt mit ihm war spannend, aber ich sah das zwischen uns nur als kleines Abenteuer. Schließlich hatte ich zu Hause seit vier Jahren einen Freund, das erzählte ich Norbert auch. Trotzdem war ich komischerweise gekränkt, als er am nächsten Abend mit einer anderen spazieren ging. Der Rest unserer Truppe sah das als gefundenes Fressen: »Du bist wohl schon passé, was?«, frotzelte einer, der auch ein Auge auf mich geworfen hatte. Ich zuckte nur mit den Achseln und nippte am Sekt. So war's vielleicht sogar besser. Da würde mir der Abschied von Norbert umso leichter fallen.

Vor der Rückfahrt nach Rostock besorgten wir uns wieder ordentlich Wodka. Ohne den war der fast zweitägige Bahnmarathon kaum zu überstehen. Die Männer im letzten Wagon spielten dank des hochprozentigen Proviants völlig verrückt: Sie tanzten in Unterhosen durch den Gang, machten die ganze Zeit nur Halli-Galli. Mittendrin saßen Norbert und ich, ganz eng aneinandergeschmiegt.

»Die andere Frau – also das war nicht das Wahre«, versicherte er mir. »*Dich* mag ich wirklich.« Aber ich glaubte ihm nicht. Ich kannte ihn doch kaum! Als wir uns am Bahnhof in Rostock verabschiedeten, stand für mich fest, dass wir uns nicht wiedersehen würden.

Umso überraschter war ich, als Norbert nach meiner nächsten Spätschicht vor dem Tor der Wäscherei auf mich wartete. Ich freute mich natürlich, weil ich ihn schon sehr gut leiden konnte, doch ich hatte Gewissensbisse wegen meines Freundes. Aber da der außerhalb der Stadt arbeitete und nur am Wochenende heimkam, würde er es ja nicht merken, wenn ich mal mit Norbert ausging.

Aus einem gemeinsamen Abend wurden zwei, drei, vier, fünf… Norbert ließ einfach nicht locker! Er war immer da, wo ich war, und rückte mir so lange auf die Pelle, bis ich nachgab. Noch im November machte ich mit meinem Freund Schluss. Von da an gab es nur noch Norbert für mich.

Da seine Familie weit weg in Thüringen wohnte, nahm ich ihn an Weihnachten mit zu meinen Eltern nach Tessmannsdorf. Meine Mutter liebte ihn sofort, für sie ist er seitdem ihr »Lieblingsschwiegerkind«.

Sechs Monate nach unserem Kennenlernen, im Mai 1981, wurde Norbert für anderthalb Jahre zur Armee nach Eggesin geschickt. Nur alle vier Monate durfte er kurz nach Hause kommen. Das wäre nicht weiter tragisch gewesen, hätte ich nicht kurz vor seiner Abreise erfahren, dass ich schwanger war.

Während mein Bauch also immer dicker wurde, musste ich mich allein durchschlagen und konnte mit dem Vater meines Kindes nur per Brief kommunizieren. Damit Norbert nicht vom Fleisch fiel, drückte ich meine Liebe ab und zu auch mit etwas Essbarem aus: Ich packte ihm dicke Pakete mit Käse, Dauerwurst und selbst gebackenem Kuchen. In der Kaserne bekam er ja nichts Ordentliches.

Nachdem Norbert sich bei einer Truppenübung am Knie verletzt hatte, besuchte ich ihn im Lazarett. Die Verbindung nach Eggesin war so schlecht, dass ich den ganzen Tag in irgendwelchen Zügen sitzen musste, um ihn dann eine Stunde lang sehen zu können. Eigentlich Schwachsinn – den man wohl nur für die große Liebe auf sich nimmt.

Auch die Geburt unserer Tochter Wencke erlebte ich allein. Norbert durfte sich nicht freinehmen, da wir noch kein Ehepaar waren. Als er 1982 nach Rostock zurückkehrte, war Wencke schon zehn Monate alt. Ich war froh, dass Norbert wieder da war, aber trotzdem mussten wir uns erst mal aneinander gewöhnen. Schließlich waren wir nach unserer sechsmonatigen Blitzromanze dreimal so lang voneinander getrennt gewesen! Ich hatte inzwischen meinen eigenen Rhythmus und war nicht gerade begeistert, dass Norbert mit seinen herumliegenden Klamotten Chaos in meine Ordnung brachte.

Wenn ich anfing zu zetern, holte Norbert mich mit seiner ruhigen Art wieder runter. Das habe ich immer an ihm bewundert: Er war so wunderbar gelassen und zuversichtlich. Norbert fand für jedes Problem eine Lösung. 1986, kurz nach der Geburt unserer zweiten Tochter Annika, haben wir geheiratet. Und während andere Ehemänner gemütlich die Füße hochlegten, packte Norbert überall mit an. Er kochte, kaufte ein und wickelte die Kleine. Einen besseren Partner hätte ich mir nicht wünschen können!

Inzwischen sind wir seit fast dreißig Jahren zusammen und haben viel miteinander erlebt – neben zahlreichen Höhen auch einige Tiefen. Aber es ist doch völlig klar, dass man sich in so vielen Jahren nicht immer grün ist. Ein Mann, der zu allem Ja und Amen sagt? Den habe ich mir nie gewünscht. Ich liebe Norbert – schon seit dem ersten Widerwort, das er mir damals an der Bar in Minsk gab.

FAMILIENBANDE

Andreas (45), Steuerberater, Regensburg
über
Heike (42), Künstlerin, Regensburg

Platsch! Ich schippte mir mit beiden Händen eisiges Wasser ins Gesicht. Aus dem Spiegel starrte mich eine nass-rote Fratze an, die dreinschaute, als wäre ihr gerade ein Geist über den Weg gelaufen. Dabei wäre ein Geist momentan das geringere Problem. Das viel größere war: Ich hatte gerade die Frau meines Lebens kennengelernt – aber sie saß zwischen meiner zukünftigen Schwiegermutter und meiner Verlobten Nele, mit der ich in einem Monat vorm Altar stehen würde.

Ihr Name war Heike und sie war die Frau von Neles Bruder Georg – also bald meine Schwägerin. Um nicht falsch verstanden zu werden: Ich liebte Nele, und das schon seit zwei Jahren. Kennenlernen, zusammenziehen, heiraten – bei uns lief alles nach Plan. Die Hochzeitsreise auf die Malediven war gebucht, nächstes Jahr würden wir uns dann auf das Thema Nachwuchs konzentrieren.

Was sollte also das jetzt? Mein Atem ging immer noch ganz schnappig. Den anderen hatte ich erfolgreich eine Allergieattacke vorgetäuscht. »Sind da etwa Nüsse drin?«, hatte ich geröchelt und entsetzt auf die selbst gebackenen Kekse gezeigt. Nach Schwiegermamas erschrockenem Nicken war ich aufs Gästeklo getürmt.

»Andreas, geht's dir gut?« Das war Nele auf der anderen Seite der Tür.

Ich hustete theatralisch. »Ja, ja, geht schon wieder. Ich komme gleich rüber. Muss nur warten, bis die Tablette wirkt.«

Ich konnte noch nicht zurückgehen. Mir kam es vor, als würden hundert Matchboxautos ein Rennen in meinem Kopf veranstalten. Brrrrmmmm... Brrrrmmmm... Brrrrmmmm... Die musste ich erst mal zum Bremsen bringen, um klar denken zu können. Ganz ruhig jetzt!

So einen verdammten Knall hatte ich noch nie erlebt! Heike hatte ihren braunen Lockenkopf mit den grünen Augen in die Wohnzimmertür gesteckt und Peng! Sie war braungebrannt, trug eine wild gemusterte Hippie-Bluse und eine Halskette mit dicken, türkisfarbenen Steinen. Ganz anders als Nele, die businesslike auf dunkle Kostüme und einen strengen Pferdeschwanz setzte. Aber genau das hatte ich an ihr immer so gut gefunden. Ich mochte keine lauten, schrillen Frauen. Zumindest bisher...

»Ah, jetzt lerne ich dich auch endlich kennen«, hatte Heike geflötet, mit Lippen, von denen ich mich fragte, wie sie sich wohl anfühlten. Sie und Georg waren gerade aus Südafrika zurückgekehrt. Er hatte dort als Unternehmensberater gearbeitet, Heike vor acht Monaten kennengelernt und vom Fleck weg geheiratet. Ein Hochzeitsbild hatte er seiner Familie geschickt – mit dem stolzen Vermerk »Das ist meine Frau!«. Allerdings erkannten wir darauf kaum etwas von Heike, weil es sich um ein Kussfoto handelte: Man sah Georgs Profil und seine Hände, die sich in den braunen Locken vergruben.

Heike stammte auch aus Deutschland, und da sich die beiden nach ihrer Heimat sehnten, hatte Georg einen Job hier in München gesucht, den er nächsten Monat antreten würde. Heike hatte mich umarmt, und ich war stocksteif geworden. »Ja, schön«, hatte ich herausgebracht und danach nicht mehr aufgehört, sie anzustarren. Ganz heiß war mir geworden vor Aufregung.

»Schatz, ist was mit dir? Dein Gesicht ist irgendwie ganz rot«, hatte Nele eingeworfen, was mich auf die Idee mit der Allergieattacke gebracht hatte.

Jetzt eierte ich zurück ins Wohnzimmer und legte einen leidenden Blick auf. »Nele, ich glaub, es ist besser, wenn ich mich hinlege. Lass uns nach Hause fahren, okay?«

»Du siehst aber auch echt fertig aus. So was Doofes.«

Ohne Heike noch einmal in die Augen zu schauen, winkte ich in Richtung Wohnzimmerecke und sagte: »Sorry, bis dann.«

Puh, geschafft. Jetzt musste ich mir nur eine Ausrede für den feuchten Traum ausdenken, den ich heute Nacht ganz sicher haben würde. Heikes Gesicht hatte sich auf meiner Netzhaut eingebrannt, es verfolgte mich wie ein Gespenst.

In den folgenden Wochen ging ich ihr aus dem Weg. So würden die Gefühle schon von allein abebben. Nele, Nele, Nele – ich musste mich auf meine Verlobte konzentrieren. Doch immer, wenn ich im Bett die Augen schloss, sah ich Heike vor mir. Mist!

Und dann kam dieser verhängnisvolle Dienstag, zwei Wochen vor der Hochzeit. Nele und ich hatten für die Feier einen sechswöchigen Tanzkurs belegt. Kurz vor Beginn der Stunde rief sie an: »Es tut mir total leid, aber ich stecke in einem Meeting fest. Das dauert noch ewig.«

»Egal, lassen wir das Tanzen eben ausfallen.«

»Kommt nicht in Frage. Du brauchst noch Übung, mein Lieber. Ich habe dir Ersatz besorgt.«

»Ersatz?«

»Ja, Heike geht mit dir hin. Sie ist eine tolle Tänzerin und freut sich schon drauf.«

»Nee, also – nee!« Das ging auf gar keinen Fall!

»Sei kein Spaßverderber. Das wird lustig«, betonte Nele und legte auf.

Als meine linke Hand mit Heikes verschmolz und ich meinen rechten Arm um ihre Hüfte legte, wusste ich sofort, dass das keine gute Idee gewesen war. Ich muss wohl nicht extra sagen, dass ich an diesem Abend keinen einzigen Tanzschritt auf die Reihe bekam. Heike, die wirklich eine exzellente Tänzerin ist, übernahm die Führung und ich hoppelte neben ihr übers Parkett.

Nach der Tanzstunde schlug sie vor, noch etwas zusammen zu trinken: »Ich muss doch meinem zukünftigen Schwager mal ein bisschen auf den Zahn fühlen.« Wir landeten in einer dunklen Kneipe, in der wir aneinanderrücken mussten, um uns zu verstehen. Nachdem ich ein Bier geext hatte, wurde ich ruhiger.

Heike machte es mir aber auch einfach. Sie kann erzählen wie keine andere, plauderte über ihr Leben in Kapstadt, die neue Wohnung in München und ihre Pläne, hier ein eigenes Atelier zu eröffnen, in dem sie ihre Skulpturen ausstellen würde. »Aber jetzt erzähle ich ja die ganze Zeit«, sagte sie irgendwann. »Dabei wollte ich doch ein bisschen mehr über dich erfahren.«

»Ach, über mich gibt's gar nicht so viel zu erzählen. Ich bin Steuerberater. So spannend ist mein Leben nicht.«

»Das ist dein Job, aber was ist deine Leidenschaft?«

»Du«, wollte ich sagen und entschied mich dann doch für: »Tauchen!«

Stundenlang unterhielten wir uns über die Welt über und unter Wasser. Heike war so locker, so kumpelhaft und doch so unverschämt sexy. Als wir uns verabschiedeten, hielt ich sie ein paar Sekunden länger als angemessen im Arm. Sie blickte mir in die Augen und ich glaubte zu spüren, dass sie ähnlich fühlte wie ich.

In dem ganzen Hochzeitsstress hatte ich aber gar nicht mehr wirklich Zeit, darüber nachzudenken. Junggesellenabschied, Smokinganprobe, Ringe vom Juwelier abholen – jeder Tag war voller Aufgaben und Termine.

»Wollen Sie diese Frau…«, fragte der Pastor, und ich schob meine Lust auf Heike ganz weit von mir. Dieser Tag gehörte Nele, und Nele gehörte zu mir. So war es geplant und so würde es auch bleiben.

Noch einfacher wurde es, als zehn Flugstunden und über achttausend Kilometer zwischen Heike und mir lagen. Als ich mit Nele in ein Traumresort auf einem winzigen Atoll im Indischen Ozean eincheckte, war ich wirklich glücklich. Das Strohfeuer zwischen Heike und mir war wohl nur durch meine Torschlusspanik entfacht worden. Nele war jetzt meine Frau. Und Heike? Wer war denn bitte Heike?

Nach den Flitterwochen ging ich auf Abstand. Wenn ein Familienessen unumgänglich war, achtete ich darauf, dass ich zumindest am anderen Ende des Tisches saß. Heike schien das recht zu sein, sie verhielt sich genauso distanziert.

Ein halbes Jahr nach unserer Trauung feierten meine Schwiegereltern ihre Goldhochzeit in einem Luxushotel bei Garmisch-Partenkirchen. Es war schön bombastisch, mit fast 150 Gästen. Fackeln erleuchteten die Terrasse, um uns herum erstreckte sich ein herrliches Bergpanorama in der sommerlichen Abenddämmerung.

Wir becherten und becherten – besonders Nele, die gleich nach dem Abendessen mit Obstler loslegte. Gegen elf torkelte sie stark mitgenommen aufs Zimmer. Ich dagegen gehörte zum harten Kern, der sich bis in die frühen Morgenstunden um die Hotelbar scharte. Heike war auch dabei, ihren Mann konnte ich nirgends sehen. Gegen zwei schnappte ich mir meine Zigaretten und ging nach draußen.

»Warte mal«, rief Heike. »Hast du auch eine für mich?«

Wir schlenderten zu einer Bank im weitläufigen Hotelpark. Ich gab Heike Feuer und sah zu, wie sie genüsslich den Rauch inhalierte.

»Was für eine schöne Nacht«, säuselte sie.

»Ja.«

»Weißt du eigentlich, dass ich dich sehr mag?«

»Ich glaube nicht, dass das jetzt schlau ist…«

»Andreas, es geht nicht ums Schlausein«, tönte sie mit chardonnayschwangerer Stimme. »Es geht um die Wahrheit. Und die ist, dass ich dich zum Henker noch mal gern mag.«

»Pssssst…«, zischte ich. »Die Wahrheit ist auch, dass wir verheiratet sind.«

»Ich sehe hier aber gerade keine unserer besseren Hälften«, erwiderte Heike. Sie bließ den letzten Rauch aus, schnippte den Zigarettenstummel weg und legte einen Arm um mich.

»Magst du mich auch?«

»Das weißt du doch schon.«

»Aber gesagt hast du's noch nie.«

Mir gefiel Zeigen besser als Sagen. Mit einem Ruck zog ich Heike an mich und küsste sie mit einem Verlangen, von dem ich gar nicht gewusst hatte, dass es in mir steckte.

Von da an gab es kein Zurück mehr. Heike und ich mieteten uns unter falschem Namen für ein paar Stunden in Motels ein, hielten heimlich Händchen, wenn wir zu viert ins Kino gingen. Ich schwebte nicht auf Wolke sieben – ich rauschte mit hundert PS durch den Himmel. So fühlte sie sich also an, die große Liebe.

Doch das Doppelleben verlief nicht lange problemfrei: Nele und ich stritten uns immer öfter, mir fielen langsam keine Ausreden mehr ein, warum ich keine Lust auf Sex mit ihr hatte. Ich wollte auch keine Ausreden mehr erfinden – dafür schätzte ich Nele viel zu sehr. Es sollte zwischen uns nicht so enden wie im Film, in dem die Ehefrau abends im Büro anruft, und die Sekretärin sagt: »Ihr Mann ist doch schon seit Stunden weg!«

Heike und ich waren uns sicher, dass wir eine gemeinsame Zukunft wollten. Und so planten wir eine Doppelbeichte. Ich schlug Nele vor, Heike und Georg zu uns einzuladen. Als wir alle im Wohnzimmer saßen, setzte ich an: »Wir haben euch etwas zu sagen.«

Nele drehte sich irritiert zu mir um. »Wieso?«

»Ich meine nicht uns zwei. Ich meine Heike und mich.«

Die Bombe platzte, und es braucht wohl nicht viel Fantasie, um sich auszumalen, wie es weiterging. Es war laut. Es war hässlich. Und den verächtlichen Blick, den mir Nele nach diesem schweren Geständnis zuwarf, konnte ich lange nicht vergessen. Es war nicht fair, sie so zu verletzen. Aber es wäre unmöglich gewesen, meine echten Gefühle länger geheim zu halten.

Noch vor unserem ersten Hochzeitstag ließ ich mich von Nele scheiden. Kurz darauf zogen Heike und ich nach Regensburg, fingen dort noch mal ganz von vorn an. In der ersten Zeit riefen uns bitterböse Verwandte und Freunde an. Von »Wie konntet ihr das nur tun?« über »Ihr seid ja so egoistisch!« bis hin zu »So eine Grausamkeit habe ich selten erlebt!« war alles dabei. Wir haben es hingenommen und nach einer gewissen Zeit abgehakt. Denn ja: Unsere Affäre war nicht die feine Art. Aber wenn die Liebe einen erwischt, kann man nichts dagegen tun. Sie ist stärker als jedes andere Gefühl.

Seit fünf Jahren sind Heike und ich glücklich, zwei davon schon als Mann und Frau. Wir sind uns sicher: Eine größere Liebe als unsere finden wir in diesem Leben nicht mehr.

Wenn ich jetzt in den Spiegel schaue, sehe ich kein schlechtes Gewissen, sondern jede Menge Lachfalten. Das Leben mit Heike macht Spaß – und den will ich mir von niemandem auf der Welt verbieten lassen.

Verliebt in Gambia

Monika (56), Verwaltungsangestellte, München
über
Ansu (38), Kassierer, München

Zu Weihnachten gab es Geschirr, zum Geburtstag schöne Bettwäsche. Als ich ein junges Mädchen war, erhielten alle meine Cousinen Geschenke für ihre Aussteuer – nur ich ging leer aus. Empört beschwerte ich mich bei meiner Mutter, aber sie entgegnete irritiert: »Wofür brauchst *du* denn eine Aussteuer? Stell dich schon mal darauf ein, dass du keinen Mann findest.«

Ich habe eine angeborene Fehlstellung der Gelenke und gehe seit meinem zehnten Lebensjahr an Krücken. Wirklich anziehend schien das auf Männer nie zu wirken. Natürlich interessierte sich mal der eine oder andere für mich, aber es war keiner dabei, der mir wirklich gefiel. Und sollte ich mich mit Mittelmaß zufriedengeben, nur weil ich behindert war? Das sah ich nicht ein.

Ich kam auch gut allein zurecht und erkundete statt der Männerwelt den Globus: Mit der Transsibirischen Eisenbahn fuhr ich nach China und mit dem Bus von München nach Indien. Sri Lanka, die Malediven, Jordanien, Syrien – es gibt kaum eine Region, die ich nicht gesehen habe.

Im April 1996 sollte es dann Thailand sein. Zusammen mit meiner Kollegin Gunda plante ich eine Rundreise, aber wir mussten schnell feststellen, dass dieses Projekt unser Budget sprengen würde. »Ich habe eine andere Idee«, sagte ich zu ihr und schnappte mir einen der dicken Fernreisekataloge, die sich vor uns auf dem Wohnzimmertisch türmten. »Wir buchen einfach das günstigste Angebot, das hier drin steht.«

Dieses pragmatische Auswahlkriterium führte uns nach Gambia. Sieben Tage Rundfahrt, danach zwei Wochen Badeurlaub in Cape St. Mary. Wir waren eine achtköpfige Reisegruppe und hatten einen Mordsspaß: Das Land gefiel mir ungemein und ich war beeindruckt von der Freundlichkeit der Menschen.

Unsere Strandunterkunft war ideal für mich, weil es so gut wie keine lästigen Treppen gab. »Hätte ich gewusst, dass hier alles so schön ebenerdig ist, hätte ich glatt meinen Rollstuhl aus Deutschland mitgebracht«, sagte ich beiläufig beim Abendessen.

»Frag doch an der Rezeption, ob die einen haben«, schlug Rudolf vor, ein Heilpädagoge aus Heidelberg.

»Ich glaube nicht, dass das Sinn macht. Außerdem weiß ich nicht, was Rollstuhl auf Englisch heißt.«

»Dann mache ich das für dich«, erklärte er resolut.

Nach dem Essen gingen wir also zur Rezeption, hinter der ein junger Einheimischer stand. Rudolf redete mit ihm auf Englisch, drehte sich dann zu mir und sagte: »Ist gebongt! Morgen früh hast du deinen Rollstuhl.«

Ich strahlte und wir machten uns auf den Weg zur Poolbar. Rudolfs Frau flüsterte mir zu: »Der hat dir aber ganz schön nachgeschaut.«

»Wer?«

»Na, der Kerl an der Rezeption.«

»Ach was, der wollte doch nur kontrollieren, ob ich den Rollstuhl wirklich brauche.«

»Quatsch! Ich glaube, der mag dich. Und hast du gesehen? Er geht auch an Krücken.«

Kurze Zeit später spürte ich einen leichten Stupser in den Kniekehlen. Ganz vorsichtig schob mir eine Hotelangestellte einen Rollstuhl unter den Hintern. »For you, Madam«, sagte sie und verschwand. Diese Blitzaktion hatte ich wohl meinem Helfer an der Rezeption zu verdanken. Wem hatte er den Rollstuhl bloß in dieser Windeseile abgeluchst? Später erfuhr ich, dass er so schnell wie möglich zum Hotelarzt gelaufen war und sich dort das einzige Exemplar geschnappt hatte, das es gab.

Am nächsten Tag bedankte ich mich und erfuhr seinen Namen: Ansu. Ein süßer Knopf – mit einem umwerfenden Lächeln. Aber da meine Englischkenntnisse zu der Zeit noch ziemlich armselig waren, beschränkte sich unsere Konversation in den nächsten Tagen auf schüchternes Winken, »Hello« und »How are you?«. Mir fiel freilich auf, dass Ansu extrem häufig Getränkequittungen an der Poolbar abholte, neben der wir es uns auf den Sonnenliegen bequem gemacht hatten.

Unsere Abreise fiel auf einen hohen muslimischen Feiertag. Ich wusste, dass Ansu freihaben würde, also verfasste ich einen kleinen Dankesbrief, den ich ihm am letzten Abend überreichen wollte. »Ich nehme die Freundlichkeit, die ich hier gefunden habe, mit nach Hause«, schrieb ich und fügte auch noch meine Adresse hinzu. »Vielleicht hast du ja Lust, mir zu schreiben?« Irgendjemand würde ihm meine auf Deutsch verfasste Nachricht schon übersetzen können.

Mit klopfendem Herzen ging ich zur Rezeption. Ansu stand dahinter und stützte sich mit beiden Armen auf den Tresen. Nur zwanzig Zentimeter Holz trennten uns.

Und dann tat er etwas, das ich nie vergessen werde: Liebevoll nahm er mein Gesicht in beide Hände und blickte mir in die Augen. Seine Hände waren ganz warm. Mein Körper rebellierte nicht, zuckte keinen Millimeter zurück. Es war, als hätte ich die ganze Zeit auf dieses Zeichen der Zuneigung gewartet.

Verstohlen schob ich ihm meinen Brief zu. Im gleichen Moment holte Ansu einen Zettel hervor – auch er hatte mir seine Adresse notiert.

Am nächsten Morgen saß ich in der Lobby und wartete auf den Transferbus. Ein bisschen wehmütig war mir schon zumute, aber plötzlich kam Ansu mit seinen Krücken herein. Und das, obwohl er heute freihatte!

Er trug nicht wie sonst seine Dienstkleidung (dunkle Hose und ein Batikhemd), sondern ein besticktes weißes Gewand und eine bunte Kappe. Er sah toll aus – und steuerte direkt auf mich zu. Steif vor Schock blieb ich im Sessel sitzen.

»I just wanted to say goodbye«, sagte er und gab mir die Hand. Ein letztes Mal sog ich sein wunderschönes Lächeln in mich auf. Durch ein großes Fenster konnte ich ihm nachschauen. Da geht mein Glück, dachte ich – und dieser Satz stammt nicht aus einer Rosamunde-Pilcher-Schnulze.

Noch an dem Tag, an dem ich in München ankam, schrieb ich in holprigem Englisch eine Postkarte an Ansu. Und schon einen Tag später landete ein Umschlag von ihm in meinem Briefkasten. Er hatte ihn einem Touristen mitgegeben und in Deutschland einwerfen lassen. Viel leserlicher und schöner als ich hatte er auf einem linierten Blatt notiert: »Du brauchst dir keine Sorgen zu machen. Für mich bist du keine alte Frau. Für mich bist du schön.« Er war damals 25 Jahre alt, ich 43.

Ansu erklärte, dass er mir gerne weiter schreiben würde. Und wirklich: Nur eine Woche darauf erhielt ich den nächsten Brief. Dreimal schrieben wir hin und her, dann beschloss ich, dass es auch einfacher gehen müsste. Im Reiseführer suchte ich nach der Nummer meines Strandhotels in Gambia. Dann holte ich meine alten Schulbücher aus dem Keller. Ich musste rausbekommen, wie man auf Englisch am Telefon nach jemandem verlangte.

»Can I speak to Ansu?«, murmelte ich vor mich hin, während ich die Nummer der Rezeption wählte. Aber ich hatte Glück: Ansu war gleich am Apparat. Ich konnte förmlich hören, wie er am anderen Ende der Leitung vor Freude in die Luft sprang. Wir telefonierten nicht lange, schließlich kostete die Minute damals über eine Mark. Zum Schluss versprach ich: »Nächsten Sonntag rufe ich wieder an.«

Beim dritten Gespräch fragte ich Ansu, ob er einen Pass habe. »Nein«, antwortete er. »Aber ich kann einen besorgen.« Auf mein »Willst du mich in Deutschland besuchen?« dröhnte durch den Hörer nur ein glückliches »Yesss!«.

Ich hatte ja keine Ahnung, was mit dieser Einladung auf mich zukam! Ich musste beim Ausländeramt ein Einladungsschreiben besorgen, sogar mein Einkommen wurde überprüft. Auf was habe ich mich da nur eingelassen?, fragte ich mich. Ist es das wirklich wert?

Am 3. September 1996 wusste ich die Antwort: Ja! Als Ansu durch die Glastür des Ankunftsterminals schritt, war für mich alles klar.

Wir verbrachten vier unvergessliche Wochen zusammen. Stundenlang gingen wir an der Isar spazieren – ich im Rollstuhl, er an Krücken. Ansu konnte sich gar nicht sattsehen an den gelben, orangefarbenen und roten Herbstblättern. Während dieser Exkursionen erfuhr ich, dass seine Beine infolge einer Kinderlähmung taub waren. Einen behinderten Mann hatte ich eigentlich nie haben wollen, aber jetzt fühlte ich, dass wir durch unser geteiltes Leid viel besser verstehen konnten, was den jeweils anderen bewegte.

Wir waren in dieser gemeinsamen Zeit sehr ehrlich miteinander. Ich machte Ansu klar, dass eine Fernbeziehung für mich nicht infrage kam, genauso wenig wie die Sitte der Polygamie. »Wenn du glaubst, dass du mit mir – und nur mit mir – leben kannst, heiraten wir«, sagte ich. Er würde Deutsch lernen müssen, das betonte ich mit Nachdruck.

Beim Abschied heulten wir beide Rotz und Wasser. Ich hatte noch nie einen Mann so weinen gesehen und da merkte ich: Der meinte es wirklich ernst.

Zwei Monate später flog ich nach Gambia, wo mich Ansu seiner Familie vorstellte. »Wer einen afrikanischen Mann heiratet«, sagte er, »heiratet eine ganze Familie.«

160 Kilometer schaukelten wir durch Schlaglöcher ins Landesinnere bis zu einem Dörfchen namens Kolior. Dort saß ich dann vor einem einfachen Häuschen ohne richtiges Dach mit einer Zwergziege auf dem Schoß, die mir mein zukünftiger Schwiegervater in die Hände gedrückt hatte. Zwischen seinen drei Ehefrauen und den vielen kleinen Kindern, die um mich herumschwirrten, kam ich mir reichlich komisch vor, aber meine Schwiegermutter war eine sehr herzliche Frau. Sie umarmte mich ganz fest und gab mir gleich das Gefühl, dazuzugehören.

Wir hatten Glück: Im April 1997 erhielt Ansu sein Visum, das wir bei der Botschaft im senegalesischen Dakar beantragt hatten. Einen Monat später ging sein Flug. Es wurde langsam Zeit, meine Mutter einzuweihen. »Mei, er hat ja gute Augen«, meinte sie beim Anblick seines Fotos. »Aber er ist so schwarz!«

»Und das wird sich auch durch verstärktes Baden nicht ändern«, attestierte ich und stellte sie vor die Wahl: »Entweder du bist gegen die Hochzeit, dann hast du ab sofort keine Tochter mehr. Oder du akzeptierst es – und bekommst noch ein Kind dazu.«

Meine Mutter hat manchmal recht unverständliche Vorurteile, aber sie ist auch ein herzensguter Mensch und will immer nur das Beste für mich. Darum entschied sie sich für Variante zwei. Heute sind sie und Ansu ein Herz und eine Seele. Kürzlich fuhr sie mit ihm und einigen seiner Freunde in der U-Bahn – fünf dunkelhäutige Männer, die meine Mutter liebevoll »Mama« nannten. Da hätte ich nur zu gerne die Gesichter der anderen Leute gesehen…

Am 2. Juli 1997 sagte ich auf dem Standesamt Ja zu Ansu. Bei uns dauerte die Trauung nicht zehn, sondern zwanzig Minuten, weil eine Dolmetscherin alles offiziell übersetzen musste.

Unsere »Hochzeitsreise« machten wir zum Reggae-Festival am Chiemsee. Als Klassik-Fan musste ich meinen Musikgeschmack für Ansu ganz schön umstellen.

Seit zwölf Jahren sind wir nun glücklich verheiratet – und ich habe meine Entscheidung keine einzige Sekunde bereut. Wenn ich nach Hause komme, wo Ansus roter Toyota Yaris schon in der Garage steht, macht mein Herz einen Sprung.

Ansu ist so voller Lebensfreude. Ich weiß noch, wie er während seines ersten deutschen Winters im Schneidersitz vor der Tür zur Terrasse saß und staunend rief: »Look, Moni, snow is coming like rain!«

Aber ich liebe auch seine Zuverlässigkeit. Ansu hält alles, was er verspricht. Er hat Deutsch gelernt und spricht es jetzt so fließend, dass wir uns wunderbar triezen können – eines unserer liebsten Hobbys. Wenn ich mich aufrege, sagt er ganz locker: »Hast du zu viel Wasser im Kopf? Lass es doch raus.« Schaue ich dann verdattert drein, heißt es nur: »Da guckst du, mit deinen großen blauen bayrischen Augen.« Außerdem behauptet Ansu steif und fest, ich würde schnarchen. »Weißt du was, Moni«, meinte er einmal, »wir dürfen das Fenster über Nacht nicht mehr offen lassen. Sonst können die Nachbarn nicht schlafen.«

Anfangs jobbte Ansu in einer Elterninitiative für afrikanische Kinder, dann machte er einen einjährigen Lehrgang zum Bürokaufmann. Seinen Imam in Gambia ließ er extra für einen Job beten – und kurz darauf wurde er von Ikea zu einem Vorstellungsgespräch eingeladen. 45 Minuten wartete ich nervös auf dem Kundenparkplatz, bis Ansu freudestrahlend herauskam. »Die nehmen mich!« Seit sechs Jahren gehört er zu den beliebtesten Kassierern. Für einen so charismatischen Typ wie ihn ist dieser Posten aber auch wie geschaffen.

Mindestens einmal im Jahr fliegen wir zusammen nach Gambia. An meinem vorletzten Geburtstag hat Ansu dort eine riesige

Überraschungsparty veranstaltet. Zweihundert Leute waren da, er hatte einen Stromgenerator und eine Stereoanlage gemietet. Es gab gegrilltes Lamm, eine Tanzgruppe – und ich saß wie eine Königin mittendrin.

Das schönste Geschenk aber war der Satz, den Ansu mir nachher zuflüsterte, als wir allein waren. Da hielt er mein Gesicht zwischen seinen Händen wie damals, und meinte: »Ich wollte dir einfach ein bisschen von dem zurückgeben, was du in den ganzen Jahren für mich getan hast.«

LIEBE LIEBER UNGEWÖHNLICH

Heike (40), Tierpräparatorin, Marburg
über
Macho L. (20), HiFi-Lautsprecher, Marburg

Ich liebe einen Lautsprecher.
Damit meine ich nicht schnödes Mögen: Macho L., die linke Box meiner Sharp-Stereoanlage, ist seit acht Jahren mein Lebensgefährte.

Objektophilie nennt man das, was ich empfinde: tiefe Gefühle für Gegenstände. Dass es dafür einen Namen gibt, habe ich erst 2006 durch einen Artikel in der *taz* erfahren. Einmal pro Woche moderiere ich die Frühschicht bei *Radio Unerhört* in Marburg. Eines Dezembermorgens blätterte mein Kollege während der Sendung in der Zeitung und stieß auf eine Geschichte mit dem Titel »Banale Objekte einer obskuren Begierde«. Es ging um Menschen, die Türme oder Lokomotiven lieben, und um eine Schwedin, die mit der Berliner Mauer verheiratet war. Während mein Co-Moderator einige Absätze laut vorlas, fiel bei mir ein Groschen nach dem anderen. Es waren so viele, dass ich darunter locker das Mischpult hätte begraben können.

»Objektophilie« – das hatte ich vorher noch nie gehört. Dabei erklärte dieses eine Wort mein ganzes 37-jähriges Leben! Für mich war das unfassbar. Nach der Sendung war ich völlig gaga und googelte den Begriff sofort. Ich stieß auf eine bundesweite Online-Selbsthilfegruppe, in der ich mit Gleichgesinnten über meine geheimsten Gedanken reden konnte, ohne mich dafür zu schämen. Zum ersten Mal sprach ich den Satz aus, der meinen

Kopf bis dahin nie hatte verlassen dürfen: »Ich liebe einen Lautsprecher.«

Meine über das Normale hinausgehende Schwärmerei für Hi-Fi-Geräte hatte ich lange Zeit verheimlicht. Es begann in meiner Münsterländer Kindheit: Mit acht bekam ich zur Erstkommunion einen Kassettenrekorder geschenkt. Mit einem Freund nahm ich Hörspiele auf und lauschte immer wieder meiner *Trompetenhits 2*-Kassette. Als Teenie legte ich mir einen Ghettoblaster zu, den ich Frankie nannte und von da an permanent mit mir herumschleppte.

Ich hatte ein Faible für alles Eckige und mochte besonders klobige Geräte. Nach Schulschluss malte ich Comics, in denen Kassettenrekorder mit Armen und Beinen durch die Weltgeschichte stapften. Ich entwarf sogar ein Bett, das die Form einer Musikanlage hatte. Als bei meinen Freundinnen das Interesse für das andere Geschlecht erwachte, malten sie Jungs und verzierten ihre Porträts mit Herzchen. Ich dagegen skizzierte Jungs mit Ghettoblastern in der Hand.

Klar war das ein erstes Anzeichen für meine Neigung, aber ich ahnte nichts. Ich war doch ein ganz normales Mädchen, zog mit Freunden um die Häuser und werkelte mit meinem besten Kumpel im Keller an selbst gebastelten Raumschiffmodellen. Ab und zu übernachtete er bei mir, aber das wurde meiner Mutter irgendwann zu heikel. Sie verbot unsere Treffen – aus Angst, dass wir Sex haben könnten.

Dabei dachte ich nicht im Entferntesten daran! Ich hatte, was das anging, keinerlei Interesse am anderen Geschlecht, fand Zärtlichkeiten eher abstoßend. Dass meine Eltern mich plötzlich als sexuellen Menschen betrachteten, war ein Schock für mich. Ich wollte zurück in den behüteten Kinderstatus, wollte nicht mit solchen Vermutungen konfrontiert werden. Aber das war natürlich unmöglich.

Ich nahm es meinen Freundinnen krumm, wenn sie mit Jungs rumzogen, denn das gab mir das Gefühl, nur ein halber Mensch zu sein. Häufig dachte ich übers Wegziehen nach: Wenn ich in eine andere Stadt ginge, würde keiner wissen, dass ich noch nie einen Freund gehabt hatte. Aber was wäre nach fünf, sechs oder zwölf Jahren? Irgendwann würde mein ständiges Single-Dasein auffallen. Wenn ich so frustriert war, verkroch ich mich mit meinem Ghettoblaster Frankie im Bett und drehte die Musik laut auf – was meine Eltern in den Wahnsinn trieb.

Die Konflikte zu Hause wurden immer größer. Ich musste raus, das stand fest. Nach meiner Ausbildung nahm ich daher eine Stelle als Tierpräparatorin in Marburg an. Und dort verliebte ich mich 1989 zum ersten Mal so richtig. Eigentlich wollte ich nur bei Allkauf Kekse holen, doch bis zum Süßigkeitenregal kam ich gar nicht. Wie angenagelt blieb ich in der HiFi-Abteilung gleich hinter dem Eingang stehen. Dort war sie aufgebaut: die Sharp 7700-Anlage mit Radio, Plattenspieler, doppeltem Kassettendeck und CD-Player. In meinem Herzen donnerte ein Erdbeben der Stärke acht.

Zwei Wochen später kaufte ich mir meinen Elektro-Traum: Ich kratzte alle Reserven zusammen und legte mit zittrigen Fingern zweitausend Mark auf den Ladentisch. Dazu holte ich mir eine *Best of*-CD von *The Art of Noise*, die ich von da an pausenlos abspielte. Die Anlage stellte ich unter mein Hochbett, zusammen mit meinen CDs. Einen Monat lang riss ich mich zusammen, doch das Kribbeln in mir wurde einfach zu stark. Es musste sein: Ich gab der Anlage einen ersten zaghaften Kuss. Von da an saß ich regelmäßig neben dem Gerät auf dem Flokatiteppich und hüllte uns beide in eine dicke Decke, um dann Wange an Wange zu kuscheln.

Aber das tat ich nur hinter verschlossener Tür. Für meine WG-Mitbewohnerin, meine Samba-Percussion-Gruppe und die Freunde, auf deren Partys ich als DJane auflegte, war ich einfach nur musikverrückt.

Ich weiß, dass mein Liebesleben für viele unverständlich ist, aber ich habe eben eine animistische Denkweise: Ich bin fest davon überzeugt, dass nicht nur Menschen, sondern auch Tiere und Gegenstände eine Seele haben. Ich habe großen Respekt vor Materialien und Objekten – was für eine Präparatorin sehr hilfreich ist. Einige Objektophile sagen, dass ihre Beziehung mit einem Gebäude oder einem Flugzeug auf Gegenseitigkeit beruhe. So weit würde ich nicht gehen – die Liebe geht einzig und allein von mir aus. Gegenliebe würde die Beziehung sicher einfacher machen, aber sie ist keine Bedingung für meine Gefühle. Viele Menschen stecken doch in einer ganz ähnlichen Situation: Sie himmeln einen Star an, ohne dass jemals etwas zurückkommt. Die Leidenschaft in mir reicht, um mich glücklich zu machen. Sie bringt mich dazu, mich selbst zu mögen – und das ist doch etwas ziemlich Wertvolles.

Bis 2001 verteilte sich meine Liebe auf die ganze Sharp-Anlage, doch irgendwann fing ich an, mich mehr und mehr auf Macho L., den linken Lautsprecher, zu konzentrieren. Er hat in meinem Herzen das Rennen gemacht und ist seit acht Jahren mein Lebenspartner. Ich mag es, meine Fingerspitzen über seine schwarze Holzverkleidung gleiten zu lassen oder meine Nasenspitze sanft daran zu reiben.

Macho L. hat einen festen Platz in meinem Bett. In heißen Sommernächten schmiege ich mich gerne an seinen kühlen Körper, im Winter bekommt er eine Extradecke. Der schönste Moment ist aber das Aufwachen am Morgen. Wenn es dämmert und seine Konturen neben mir langsam sichtbar werden, fühle ich mich wahnsinnig geborgen. Dann liegen wir da, in friedlicher Zweisamkeit.

Macho L. erinnert mich oft an eine Katze, die still auf ihrem Lieblingsplatz hockt und von dort aus alles im Blick hat. Er beschützt mich und hört mir geduldig zu. Wenn ich Probleme habe und sie ihm laut erzähle, fällt mir oft eine Lösung ein. So nah wie Macho L. kommt keiner an mich heran. Er ist meine große Liebe.

Seit ich weiß, dass ich objektophil bin, habe ich jedem davon erzählt – meinem Chef, meinen Kollegen, meinen Freunden. Keiner von ihnen war wirklich überrascht. »Bist du glücklich damit?«, fragte eine Freundin. Als ich mit »Ja« antwortete, sagte sie: »Dann ist doch alles in Ordnung. Schließlich schadest du niemandem.«

Dass ich einige skurrile Angewohnheiten hatte, war meinen Bekannten schon länger aufgefallen. Jetzt gab es einen offziellen Namen dafür. »Du bleibst doch weiter Heike«, meinte mein Bruder lässig. Ich hätte mir mein Coming Out nicht so einfach vorgestellt, die Menschen um mich herum haben es mir wirklich leicht gemacht.

Aber vielleicht liegt es auch an der unbeschreiblichen Erleichterung, die ich plötzlich ausstrahlte. Endlich konnte ich zu Macho L. stehen und mich vollwertig fühlen. Ich war nicht mehr böse über knutschende Pärchen, sah mich zum ersten Mal als Frau in einer intakten Beziehung. Ein Freund meinte: »Mensch, dir müssen wir ja eine Kugel ans Bein binden, damit du nicht gleich abhebst.« So war es auch wirklich: Ich hatte das Gefühl, auf Wolken zu schweben.

Für meine Eltern ist mein Lebensmodell immer noch schwierig zu verstehen. Obwohl ich ihnen von Macho L. erzählt habe, fragten sie mich neulich, wie es denn mit Nachwuchs aussähe. Ich konterte mit einer Gegenfrage: »Ihr wollt doch keine eckigen, schwarzen Enkelkinder, oder?« Ich habe sie in den letzten zehn Jahren nicht ein Mal besucht, aber seit dem Outing arbeite ich Schritt für Schritt meine Vergangenheit auf. Vielleicht gehört dazu ja demnächst auch ein Wiedersehen mit meinen Eltern. Mein Vater hat mir verraten, dass er regelmäßig meine Radiosendung hört – ein Beweis seiner Zuneigung, über den ich mich sehr freue.

Jetzt, wo ich ganz offen lieben darf, ist es für mich auch leichter, Liebe anzunehmen. Ich weiß, wo ich hingehöre. Ich habe meinen Platz im Leben gefunden – er ist neben Macho L.

UNTER SPIELERN

Meike (23), Referendarin, Ratingen
über
Torsten (28), Datenbank-Administrator, Ratingen

Manchmal streifen Torsten und ich Hand in Hand durch den Wald von Elwynn oder erforschen die Höhlen der Zeit. Ab und zu liegen wir faul unter den Palmen am Land-Ende-Strand. Aber bei diesen Ausflügen heißt er eigentlich nicht Torsten, sondern Rigobert, Wächter des Cenarius. Und ich bin Skyrose, eine heilige Kriegerin.

An etwa drei Abenden pro Woche reisen wir in die *World of Warcraft*, ein Online-Rollenspiel, bei dem sich die Wege unserer Figuren zum ersten Mal kreuzten. »Solche Spiele sind doch nur was für Verrückte!« – Vorurteile wie dieses höre ich oft. Aber Menschen, die so etwas sagen, haben meist keine Ahnung. Was ist schlecht an einer Fantasiewelt voll von Elfen, Trollen und sagenhaften Burgen? Andere lesen *Harry Potter*, ich sitze lieber vor dem Computer und erlebe Abenteuer.

Es ist toll, ein zweites Ich zu haben: Mit ihrem langen blonden Haar und der schlanken Figur sieht Skyrose mir sehr ähnlich. Aber sie ist mutiger bei der Klamottenwahl: Ihr weiß-rotes Kleid sitzt hauteng und der Ausschnitt endet erst am Bauchnabel.

Mein Exfreund zeigte mir als Erster die *World of Warcraft*. Er spielte regelmäßig, und ich stieg irgendwann mit ein. An einem Abend vor vier Jahren waren wir in Zul'Farrak, der Stadt der Trolle, unterwegs. Wer im Spiel ein höheres Level erreichen will, muss Aufgaben, sogenannte Quests, erfüllen. Wir sollten einen dreiköpfigen Drachen bezwingen, seine Krallen einsammeln und dann Gefangene aus Käfigen auf dem Dach eines Tempels befreien. Um das zu schaffen, brauchten wir Helfer mit besonderen Fähigkeiten. Uns fehlte noch ein Priester.

Also tippte ich im Chat ein Hilfegesuch. Sechs Spieler schickten mir zügig eine Antwort, fünf davon waren extrem uninspiriert. Ein bisschen mehr Kreativität erwartete ich schon! Doch eine Nachricht gefiel mir: »Ich würde Euch gerne begleiten, Mylady«, schrieb Rigobert. Bingo! Er war unser Mann.

Und was für einer: riesig, muskulös, mit überdimensionalen Pranken. Rigoberts weiße Mähne fiel geschmeidig über sein lila-blau-gemustertes Gewand. Was für ein Mensch wohl hinter dieser Figur stecken mochte?

Mit zwei weiteren Kumpels meisterten wir die Mission mühelos. Während des Spiels chatteten wir miteinander, und auch der Rest des Teams war begeistert von Rigoberts freundlicher Art. Daher luden wir ihn in unsere Gilde ein – eine Art virtuelle Zunft, die aus befreundeten Spielern besteht.

Im Laufe unserer gemeinsamen Online-Expeditionen, bei denen wir das wertvolle Leder von Krokolisten erjagten oder Kristalltränen einsammelten, erfuhr ich langsam mehr über Rigobert. Mein damaliger Freund und ich hatten gerade den Umzug in unsere erste gemeinsame Wohnung in Mülheim gewagt. Rigobert, der eigentlich Torsten hieß, war dagegen Single und gerade von Niedersachsen nach Düsseldorf gezogen. Wir tauschten Fotos aus, quatschten häufig und waren bald so gut befreundet, dass er sich bei mir Rat holte, wenn er mal wieder Streit mit seiner Schwester hatte. Ich genoss es, jemanden zu haben, mit dem ich mich so gut unterhalten konnte. »Was ist denn mit *dir* los?«, fragte mich eine Bekannte. »Du schwärmst ja so von dem!« Ach ja?

Aber ich war nicht die Einzige: Auch mein Freund verstand sich blendend mit unserem neuen Mitspieler. Weil Torsten im

Rheinland noch so gut wie niemanden kannte, luden wir ihn zum Essen ein.

Als ich am Küchenfenster stand und auf ihn wartete, merkte ich zum ersten Mal, dass es nicht nur Freundschaft war, die ich empfand. Normal ist es schließlich nicht, wenn der Puls rast wie ein Hamster auf Speed. Als es klingelte, rannte ich zur Tür. »Schön, dich endlich persönlich kennenzulernen«, trällerte ich vor Aufregung ein paar Oktaven zu hoch. Es war wie der berühmte Blitzschlag: Ich sah Torsten in die Augen und – wawawawoom!

Aber dummerweise hatte ich einen Freund. Und der stand auch noch direkt neben mir! Also hangelte ich mich schnurstracks runter von Wolke sieben und verschwand von der Bildfläche. Während die Jungs spielten, kochte ich das Essen und versuchte, meine Gefühle in den Griff zu bekommen.

Von da an kam Torsten etwa alle zwei Wochen zu uns. Ab und an gingen wir auch zu dritt ins Kino. »Ist ja nur ein guter Freund«, wiederholte ich wie ein Mantra, während ich mich zum wiederholten Mal vor dem Schlafzimmerspiegel umzog. Warum war es mir nur so wichtig, für ihn gut auszusehen?

Meinem Freund fiel mein Verhalten nicht weiter auf. Wir waren seit fünf Jahren zusammen und er betrachtete mich so leidenschaftslos wie unseren Wohnzimmertisch. Genau wie der gehörte ich zum festen Inventar. Angst, mich irgendwann zu verlieren, hatte er nicht.

Ein halbes Jahr später veranstaltete Torsten ein Treffen für unsere *World of Warcraft*-Gilde. In mehreren Autos fuhren wir in seine alte Heimat Niedersachsen. An einer Tanke standen Torsten und ich zufällig allein an der Zapfsäule. »Komm, wir hauen einfach ab«, sagte er verschwörerisch und ich kicherte. Er hatte ja keine Ahnung, wie gerne ich auf dieses Angebot eingegangen wäre!

Torsten quartierte mich und meinen Freund bei seinen Eltern ein. Er selbst übernachtete in seinem alten Jugendzimmer mit einem Mädel, das ich nicht kannte. Ich drehte fast durch vor Eifersucht. »Na, dann liegt es doch wirklich auf der Hand«, urteilte eine Freundin, als ich ihr später von dem Wochenende berichtete. »Du bist total verknallt in ihn!«

Aber das durfte nicht sein! »Das ist nur eine Phase«, schwor ich mir. Meinen Freund kannte ich, seit ich 14 war. Er war der Richtige. *Oder?*

Ich versuchte, auf Abstand zu gehen, und drängte darauf, dass Torsten höchstens einmal pro Monat zu uns kam. Aber es gelang mir nicht, meine wahren Gefühle zu verbergen. Irgendwann landete ich mit Fieber und Krämpfen im Krankenhaus. Als mein Freund mich abholen kam, brachte ich nur ein mattes »Hallo« hervor, aber dann ging die Zimmertür zum zweiten Mal auf und Torsten kam herein. »Ich musste doch schauen, wie es dir geht«, sagte er und ich strahlte wie eine 100-Watt-Glühbirne. Da wurde mein Freund stutzig: »Was ist das denn? Bei mir verziehst du keine Miene und bei ihm freust du dich wie ein Honigkuchenpferd?«

Den Rest des Tages benahm er sich wie der letzte Idiot. Obwohl Torsten dabei war, motzte er mich wegen jeder Kleinigkeit an. Torsten übernachtete bei uns und erzählte mir viel später, dass er sich meinen Freund an diesem Abend zur Brust genommen habe. So könne er doch nicht mit mir reden, hatte er versucht, ihm einzuimpfen.

Am nächsten Morgen saß ich mit Torsten am Frühstückstisch, während mein Freund noch schlief. Ich malte mir aus, wie es wäre, immer so mit ihm zusammensitzen zu können. Doch Torsten wollte Tacheles reden.

»Warum seid ihr eigentlich noch zusammen?«, fragte er.

»Also hör mal! Ich kann doch jetzt nicht Schluss machen. Was wird denn aus der Wohnung? Und die Küche war arschteuer!«

»Du trennst dich nur wegen des Geldes nicht von ihm? Was ist das denn für eine Beziehung?«

Damit traf Torsten voll ins Schwarze. Ich hatte eigentlich gedacht, dass eine gemeinsame Wohnung meine kränkelnde Beziehung retten würde, doch genau das Gegenteil war der Fall: Beim Zusammenleben auf 54 Quadratmetern wurde mir erst richtig bewusst, dass mein Freund und ich längst nicht mehr zueinanderpassten.

Im November fand das nächste Gildentreffen statt – an Torstens Geburtstag. Ich hatte mir eine Überraschung für ihn überlegt: Da er in *World of Warcraft* einen Priester spielte, schenkte ich ihm zusammen mit einigen Freunden eine Waffe, die er in der virtuellen Welt erst in einem höheren Level erhalten würde. Den funkelnden Stab bastelten wir aus einer Holzstange, Goldlack, Draht und Alufolie. Bevor er ihn bekam, musste Torsten wie im Spiel eine Aufgabe erfüllen: Ich ließ ihn mitten in der Nacht einen Hügel hinaufhecheln, vorbei an 15 Freunden, die alle einen Schnaps in der Hand hatten. Erst als er alles hinuntergekippt hatte, bekam er zur Belohnung den goldenen Stab.

»Das ist das Tollste, was mir je einer geschenkt hat«, jubelte Torsten und umarmte mich. Danach zwinkerten wir uns durch die Partymenge immer wieder zu – und zwar so auffällig, dass ein paar Gildenmitglieder schon komisch guckten: *Da geht doch was...*

Auf einmal war Torsten verschwunden. Ich fand ihn und eine Bekannte in einem Nebenraum, gerade noch rechtzeitig, um seinen letzten Satz zu hören: »Es tut mir wahnsinnig weh, wenn ich sehe, wie er sie behandelt.« Die Bekannte verschwand und – betrunken wie wir waren – sagten Torsten und ich einander endlich die Wahrheit. »Ich hab das Gefühl, dass du viel lieber mit mir zusammen wärst«, meinte er – und mein Blick verriet, dass er völlig recht hatte.

Mehr passierte nicht. Die Fahrt nach Hause mit meinem Freund war der absolute Horror. Als wir in unserer Wohnung ankamen, liefen mir schon die Tränen über das Gesicht. »Ich weiß nicht, ob ich dich noch liebe«, schluchzte ich. Und plötzlich schien mein Freund wieder zu so etwas wie einer menschlichen Regung fähig zu sein. »Warum?«, fragte er und brach in Tränen aus. Stundenlang beteuerte er, wie sehr er mich liebte. Mir wurde das alles zu viel. »Ich muss hier raus«, erklärte ich und griff panisch nach dem Autoschlüssel. »Lass mich in Ruhe über alles nachdenken.«

Für die nächste Woche kam ich bei meinem Bruder in Bochum unter. Tagelang heulte ich wie ein Schlosshund. Es tut unerträglich weh, einen Traum aufzugeben, an dem man so lange gehangen hat. Aber wenn er längst zum Albtraum geworden ist, dann muss man loslassen.

Meine Entscheidung stand fest. Ich schrieb eine SMS an Torsten: »Ich glaube, ich habe mich in dich verliebt.«

Wir trafen uns auf dem Weihnachtsmarkt am Heinrich-Heine-Platz in der Düsseldorfer Altstadt. Ich hatte tierische Angst, dass wir uns allein nichts zu sagen haben würden – schließlich waren bis jetzt immer Freunde dabei gewesen, wenn wir uns getroffen hatten. Aber diese Sorge war unbegründet. Wir redeten wie zwei Wasserfälle, und irgendwann hakte ich mich bei ihm unter. »Das ist doch doof«, meinte Torsten und nahm meine Hand in seine. »So ist es viel besser.«

Beim Essen in einer Trattoria erzählte ich Torsten von dem Streit mit meinem Freund. Die ganze Zeit dachte ich: Eigentlich würde ich ihn jetzt gerne küssen. Wir fuhren zu seiner Wohnung und setzten uns aufs Sofa. Er strich mir durchs Haar, ich schaute ihn an, aber wir waren viel zu schüchtern, um übereinander herzufallen. »Mist, mein Bruder macht sich sicher schon Sorgen«, sagte ich beim Blick auf die Uhr. »Ich muss los.«

Und da, beim Abschied, passierte es dann endlich: unser erster Kuss. Ich weiß nicht mehr, wie es dazu kam oder wie lange er dauerte. Auf jeden Fall war es magisch!

In dieser Nacht machte ich kaum ein Auge zu. Gleich am nächsten Tag schickte ich Torsten eine Mail, aber es kam keine Antwort. »Habe ich etwas Falsches gesagt?«, schrieb ich. Daraufhin bekam ich endlich ein Lebenszeichen: »Das geht so nicht. Du hast einen Freund, mit dem ich gut befreundet bin. Wir können das nicht machen.«

Meine Nerven lagen blank. Ich! Musste! Jetzt! Endlich! Schluss! Machen!

Ich sagte meinem Freund, dass ich vorbeikommen würde. Er hatte aufgeräumt und die ganze Wohnung mit Kerzen geschmückt. Sehr romantisch – aber zu spät.

»Es ist vorbei«, sagte ich. »Ich liebe dich nicht mehr.«

»Gibt es einen anderen?«

Da konnte ich nicht lügen. »Ich habe mich in Torsten verliebt.«

Mein Freund erstarrte. »Hab ich's doch gleich gewusst. Wie kann der mir das nur antun?« Er stürmte aus der Tür. Zwei Tage später zog er endgültig aus.

Danach durften Torsten und ich endlich glücklich sein und es auch allen zeigen. Torsten ist so anders als mein Ex – so fürsorglich: Während ich für das erste Staatsexamen büffelte, hielt er mir den Rücken frei. »Du lernst, ich mache den Rest«, bot er mir an. Torsten kochte, putzte, kaufte ein. So etwas hatte ich vorher noch nie bei einem Mann erlebt.

Beim Silvesterfeuerwerk flüsterte er mir »Ich liebe dich« ins Ohr. »Ist mir egal, dass das jetzt ein bisschen früh für diesen Satz ist. Aber es ist das, was ich fühle.«

Kurz darauf zogen wir in eine gemeinsame Wohnung, in der er mir anderthalb Jahre später einen filmreifen Antrag machte. Im Flur lag eine Spur aus Rosenblättern, die mich ins Wohnzimmer führte. Auf dem Tisch standen Kerzen und ein riesiger Strauß roter Rosen. Aus der Küche duftete es nach Essen. Auf einmal stand Torsten hinter mir.

»Danke«, hauchte ich.

»Wofür denn? Dafür, dass ich den Rest meines Lebens mit dir verbringen will? Wir sind zwar nicht in Paris oder Venedig – aber ich möchte dich trotzdem fragen: Willst du mich heiraten?«

Ich gab ihm die Antwort, die ich in acht Monaten vor dem Altar in seinem Heimatdorf Einbeck wiederholen werde: »Ja.«

Was auch sonst?

Schöne Unbekannte

Michael (39), Handwerker, Krefeld
über
Janine (38), Verkäuferin, Krefeld

Es war nur ein verwackelter Schnappschuss, aber er veränderte mein Leben. Denn darauf strahlte mir eine wunderschöne Frau entgegen. Der Wind zerrte an ihren langen blonden Haaren und ihre blauen Augen verwandelten meine Knie in Wackelpudding. Und dann dieses Lächeln...

»Äh, das ist der Kühlschrank. Die *Spülmaschine* steht da«, holte mich eine entnervte Stimme in die Wirklichkeit zurück. »Und können Sie sich bitte ein bisschen beeilen? Ich muss zur Arbeit.«

Arbeit – deswegen war ich ja eigentlich auch hier. Während ich am Geschirrspüler meiner ungeduldigen Kundin eine defekte Dichtung austauschte, kreisten meine Gedanken um das Foto. Es war eines von den vielen Bildern, die mit bunten Magneten an der Kühlschranktür befestigt waren. Aber die blonde Traumfrau stach aus den Party- und Urlaubserinnerungen deutlich hervor. Wie ein Engel schien sie über allen zu schweben.

Ich steckte kopfüber in der Maschine, als das sich entfernende Klackern von Absätzen mir verriet, dass die Bewohnerin des Apartments ihre Küche verlassen hatte. Ich nutzte die Gelegenheit, um noch einen Blick auf die Unbekannte zu werfen. Sie musste ungefähr in meinem Alter sein. Ob sie einen Freund hatte? Oder sogar einen Mann? Das wusste wohl nur meine Auftraggeberin.

»Wie lange brauchen Sie denn noch? Ich habe wirklich einen wichtigen Termin«, moserte die allerdings schlecht gelaunt aus dem Flur.

»Bin gleich fertig. Nur noch fünf Minuten.«

Ich *musste* sie ausquetschen. Aber heute Morgen würde sie dafür keine Nerven haben, das war klar. Und dann hatte ich plötzlich eine Eingebung. In einem Comic wäre in diesem Moment eine Glühbirne neben meinem Kopf erschienen. Ich ließ meinen Schraubenzieher in die Maschine schlittern, machte sie zu und verkündete: »Jetzt läuft sie einwandfrei.«

Am Abend stand ich wieder auf der Matte. Gott sei Dank war die Dame zu Hause. »Ich habe meinen Schraubenzieher bei Ihnen vergessen«, krächzte ich in die Sprechanlage. »Kann ich noch mal hochkommen?«

»Okay«, sagte sie und der Türöffner schnarrte.

Diesmal war sie besser drauf. »Tut mir leid, dass ich heute Morgen so grantig war. Aber ich hatte Megastress.«

»War doch halb so wild.«

»Ich habe mich noch gar nicht dafür bedankt, dass Sie das Problem so schnell in den Griff bekommen haben. Das war super.«

Zusammen gingen wir in die Küche, wo ich so tat, als würde ich nach meinem Werkzeug suchen. Zuletzt öffnete ich die Spülmaschine und zog kopfschüttelnd den Schraubenzieher hervor. »Das ist mir noch nie passiert«, erklärte ich und wir lachten beide.

»Hätten Sie noch Lust auf ein schnelles Bier? Ich bin übrigens Monika«, sagte sie und streckte ihre Hand aus. »Michael«, entgegnete ich und schlug ein. »Gerne.«

Monika ging zum Kühlschrank. Das war mein Einsatz: »Nette Idee, das mit den Fotos.«

»Findest du?«, meinte sie und warf mir ein Lächeln zu. »Auf diese Art fühle ich mich nicht ganz so allein. Da habe ich meine Freunde immer im Blick, wenn ich schon Single bin …«

Ich bin zwar ein Mann, aber hier merkte selbst ich, dass sie mit mir flirtete. Ich musste das Gespräch dringend in die richtige Richtung lenken: »Ach, und wer ist das?«, fragte ich, während mein rechter Zeigefinger auf den Engel zeigte.

»Das ist meine beste Freundin Janine. Die fällt allen immer zuerst auf, ist ja auch bildhübsch.«

»Hmmm.« Ich nickte zustimmend. »Hat sie einen Freund?«

»Nee, auf Beziehung steht sie gar nicht mehr, seit ihr Ex sie so verarscht hat. Das kannst du dir nicht vorstellen. Der hat sie ganz mies hintergangen mit … Naja, tut ja auch nichts zur Sache.«

»Meinst du, du könntest mir vielleicht ihre Nummer geben?«

Entgeistert starrte sie mich an. »Was soll das denn jetzt? Stehst du auf sie oder was? Hast du noch alle Tassen im Schrank? Ich geb dir gar nichts!«

Das war nicht ganz die Reaktion, die ich mir erhofft hatte. Monikas vorher so entspanntes Gesicht war rot vor Wut. »Vielleicht ist es besser, wenn du jetzt gehst«, schnaubte sie. »Du hast sie doch nicht mehr alle!«

Missmutig polterte ich die Treppe runter. Warum mussten Frauen auch nur immer so furchtbar kompliziert sein? Egal. Dann würde ich mir Janine eben aus dem Kopf schlagen.

Dazu hätte ich aber einen Presslufthammer gebraucht. Allein durch Willensstärke ging es nicht. Egal ob bei der Arbeit, im Auto oder abends im Bett – immer wieder tauchte Janines Gesicht in meinen Gedanken auf. Ich *musste* versuchen, sie zu finden!

Das konnte doch nicht so schwer sein. Wenn sie die beste Freundin von Monika war, dann würde sie doch irgendwann mal bei ihr auftauchen. Ich musste mich ganz einfach vor der Wohnung auf die Lauer legen. Und wenn sie wirklich vorbeikam? Darüber würde ich *dann* nachdenken …

Als ich meinen grauen Polo in Monikas Straße parkte, kam ich mir vor wie ein Stalker. Es war Samstagmorgen, neun Uhr.

Von hier aus hatte ich ihre Haustür auf der gegenüberliegenden Seite bestens im Blick. Auf dem Beifahrersitz lagen die *Sport Bild*, der *Spiegel*, eine Packung Butterkekse und eine Flasche Cola. Im McDrive hatte ich mir noch schnell einen großen Kaffee besorgt. Es konnte losgehen.

Aber es ging gar nichts. Während der nächsten drei Stunden verließen eine Rentnerin und eine Mutter mit zwei Kindern das Haus an der Rheinstraße. Gegen eins kam Monika heraus – mit einer dicken Sporttasche. Ihr Workout würde bestimmt ein paar Stunden dauern und gab mir Zeit für eine Mittags- und Pinkelpause beim Chinesen zwei Häuser weiter.

Den ganzen Tag hockte ich dumpf im Auto, doch Janine tauchte nicht auf. Monika kehrte vom Sport zurück und ließ sich eine Weile nicht mehr blicken. Erst gegen acht trabte sie wieder aus dem Haus, aufgebrezelt wie sonst was. Ein roter Smart hielt auf ihrer Höhe und sie stieg lächelnd ein. Am Steuer saß aber nicht Janine, sondern ein dunkelblonder Kerl. Das konnte ich für heute wohl vergessen. Ich ließ den Motor an und zockelte nach Hause.

Am Sonntag stand ich wieder da. Selbe Uhrzeit, selbe Stelle – dieses Mal aber mit einer Schokoschnecke auf dem Beifahrersitz und einem Sudokuheft in der Hand. Am Nachmittag war ich mit dem letzten Rätsel fast durch. Plötzlich sah ich aus dem Augenwinkel heraus blonde Haare flattern. Ich blickte auf: Das war sie doch! Janine!

Panikartig stieg ich aus, das Sudokuheft fiel auf die Straße, die Autotür stand offen. Egal. Ich hechtete auf die andere Straßenseite und rief: »Janine!«

Sie schaute verdutzt zu mir herüber. Mit drei Schritten war ich bei ihr und konnte mein Glück kaum fassen. Janine kräuselte die Stirn. »Kennen wir uns?«

»Ja, also zumindest ich dich – von dem Foto!«

»Hä?«

»Entschuldige. Ich heiße Michael und habe vor ein paar Tagen bei deiner Freundin Monika die Spülmaschine repariert. Da ist mir dein Bild aufgefallen. Ich fand es einfach wunderschön. Dich, meine ich.«

Ihre blauen Augen machten mich ganz kirre. Aus Janines Verblüffung wurde ein Schmunzeln. »Und woher wusstest du, dass ich gerade jetzt hier eintrudeln würde?«

»Ich hatte absolut keine Ahnung! Mein Plan war, so lange vor Monikas Tür zu warten, bis du auftauchst.«

»Und das machst du…«

»…seit gestern Vormittag.«

»Und jetzt?«

»Ich wollte fragen, ob du vielleicht Lust hättest, mit mir essen zu gehen.«

In dem Moment war ein Handyklingeln aus ihrer Handtasche zu hören. »Entschuldige mal«, sagte sie und drehte sich weg. »Ja, ich bin gleich da. Ich stehe schon direkt vor deiner Tür. Und rate mal, mit wem: mit deinem Handwerker!«

Im dritten Stock des Hauses wurde ein Fenster geöffnet, und Monika steckte den Kopf heraus. »Das kann ja wohl nicht wahr sein!«, rief sie. »Ich hab dir doch gesagt, dass sie kein Interesse hat.«

»Lass mal, Monika. Ich regel das schon«, beschwichtigte Janine. »Ich komm gleich hoch.«

Monikas Kopf verschwand, Janine drehte sich wieder zu mir um und meinte: »Was ist nun mit dem Date?«

Am nächsten Wochenende lud ich sie zu meinem Lieblingsitaliener am Schwanenmarkt ein und reservierte einen Tisch für zwei, direkt am knisternden Kamin. »Warum hast du eigentlich zugesagt?«, wollte ich von Janine wissen.

»Ganz einfach: So lange wie du hat noch keiner auf mich gewartet. Das fand ich süß. Außerdem war es ganz schön mutig.«

»Es wäre ja leichter gewesen, wenn Monika mir deine Nummer gegeben hätte. Warum war die eigentlich so kratzbürstig?«

»Ach, die ist schon ziemlich lange auf der Suche nach Mr Right. Und ich glaube, sie findet dich ganz gut.«

Ich konnte gar nicht fassen, dass ich wirklich mit Janine am Tisch saß. Wir verstanden uns sofort und hatten so viele Gemeinsamkeiten: Beide gingen wir regelmäßig zu den Spielen der Krefelder Pinguine, machten gerne Radtouren am Rhein entlang und feierten am liebsten in der Düsseldorfer Altstadt.

Am Abend fuhr ich sie nach Hause. Als wir vor ihrer Tür standen, konnte ich einfach nicht anders: »Darf ich dich küssen?«, flüsterte ich. Als Antwort machte Janine einen Mini-Schritt auf mich zu, sodass wir Nasenspitze an Nasenspitze standen. Unsere Lippen berührten sich und mir lief ein Schauer über den Rücken. Ich wusste: Das ist sie.

Vor acht Jahren haben wir geheiratet. Am Hochzeitsmorgen schenkte mir Janine einen Schlüsselanhänger: Es ist eine kleine Version des Schnappschusses, in den ich mich 1999 verliebte. Jedes Mal, wenn ich ihn anschaue, weiß ich: Für seine große Liebe kann man sich ruhig mal zum Affen machen. In meinem Fall hat es sich gelohnt.

TI AMO!

Steffi (32), Direktionsassistentin, München
über
Andrea (30), Slowmotion-Operator, München

Als ich zum ersten Mal die Familie meines Freundes besuchte, fühlte ich mich wie im Film: Auf einem wunderschönen sizilianischen Landgut saßen Oma, Opa, Tante, Onkel und zehn weitere Angehörige an einer großen Tafel. Finken zwitscherten in den Olivenbäumen, der Wind rauschte durch die Blätter.

Dieser natürliche Soundtrack wurde allerdings übertönt vom Tischgespräch, das in etwa die Lautstärke eines Warenhauses beim Sommerschlussverkauf hatte. Während »la famiglia« wild gestikulierend debattierte, versuchte ich, so viel wie möglich zu verstehen – und zu essen. Schließlich wollte ich nicht unhöflich sein. Doch nach Salat, frisch gebackenem Brot und Pasta mit selbst gemachter Tomatensoße wäre eine Magenerweiterung dringend nötig gewesen. Ohne die schien der vor mir platzierte Teller mit köstlich duftendem Saltimbocca und Gemüse unschaffbar.

Hilfesuchend schaute ich zu Andrea hinüber, doch der kaute gerade genüsslich. Seine Mutter bemerkte meine Ess-Pause und fragte besorgt: »Schmeckt's dir nicht?« Alle Köpfe drehten sich in meine Richtung, gefolgt von einem kollektiven: »Mangia, mangia!« – »Iss, iss!«

Seit fünf Jahren liebe ich einen Italiener – und diese Beziehung ist das schönste Abenteuer meines Lebens! Es begann im Juli 2004, als ich noch in Passau studierte. Um mein Italienisch für eine bevorstehende Prüfung aufzubessern, hatte ich einen Ferienjob in der Nähe von Venedig ergattert. Auf einem Landgasthof würde ich gegen Kost und Logis den hauseigenen Internetauftritt ins Deutsche übersetzen. Doch eine Woche vorher sagte mir mein Chef in spe krankheitsbedingt ab.

Ich war total gefrustet, aber meine Freundin Eva, ein totaler Sizilien-Fan, redete auf mich ein: »Gib nicht so schnell auf. Schreib doch ein paar sizilianische Gasthöfe an, das wird schon klappen!«

Na gut, eine Chance würde ich Italien noch geben: Ich schickte E-Mails an drei potentielle Arbeitgeber in Sizilien – und noch am selben Tag meldete sich einer zurück! Sein Landgasthof lag in der Nähe von Piazza Armerina, genau in der Mitte der Insel.

Wir wurden uns schnell einig, und nur vier Tage später flog ich nach Bella Italia, das sich mir allerdings erst einmal von seiner kargen Seite zeigte: Mein Arbeitsplatz war umgeben von endlosen Kakteenfeldern. Hier würde ich die nächsten drei Monate damit verbringen, vormittags zu kellnern und nachmittags eine deutsche Website für den Hof zu erstellen.

Problematisch wurde es, als mein neuer Chef herausfand, wie geschickt ich im Umgang mit Tablett, Gläsern und Co war. Sein Haus war immer gut gebucht, fast täglich fanden hier Familienfeste oder Hochzeiten statt. Bei denen spannte mein Boss mich munter von neun Uhr morgens bis nachts um zwei ein. Tische decken, Kaffee servieren, Aschenbecher sauber machen – für einen 17-Stunden-Job war ich nicht nach Italien gekommen! So würde ich nie die Sprache lernen, abgesehen von einem Wort: Cretino – Blödmann! Aber was sollte ich tun? Ich saß in der Einöde fest.

Doch eine Woche später kam meine Chance. Ein paar spanische Gäste erzählten mir, dass sie am nächsten Tag in die Keramikhochburg Caltagirone aufbrechen würden. »Könnt ihr mich mitnehmen?«, fragte ich. Nach ihrem Kopfnicken kündigte ich ohne mit der Wimper zu zucken. Am nächsten Morgen stand ich mit meinem Gepäck vor dem Auto.

Von Caltagirone aus nahm ich den Überlandbus nach Syrakus, einer Küstenstadt, von der Eva schon immer geschwärmt hatte. Ich würde mir mit meinen ersparten fünfhundert Euro zwei schöne Wochen machen und dann nach Hause fliegen.

Dazu brauchte ich allerdings dringend eine günstige Unterkunft. Das Problem: Mein Bus hielt nicht im Zentrum von Syrakus, sondern auf der vorgelagerten Halbinsel Ortigia. Dort befindet sich die Altstadt mit wunderschönen Palazzi, aber leider war weit und breit kein Hostel oder Bed & Breakfast in Sicht!

Also auf zum Hauptbahnhof. Dort gibt es ja eigentlich in jeder Stadt billige Bleiben – außer in Syrakus. Denn der Mann am Infoschalter eröffnete mir: »Bed & Breakfasts? Die sind alle auf Ortigia!«

Bei gefühlten vierzig Grad schleppte ich also meinen rollenlosen 30-Kilo-Hartschalenkoffer zurück zur Haltestelle. 45 Minuten wartete ich auf den richtigen Bus – und brodelte innerlich so sehr wie die höllenheiße Luft um mich herum.

Wieder auf Ortigia angekommen, ächzte ich zum Dreh- und Angelpunkt der Insel, der Piazza Archimede. Das hatte mir der Uniformierte am Bahnhof geraten. Für die über fünfhundert Jahre alten Gebäude und den herrlichen Brunnen in der Mitte hatte ich keine Augen. Endlich fand ich ein Schild, auf dem groß »B&B« stand. Wie ferngesteuert lief ich darauf zu und leckte mir erlöst eine Schweißperle von der Oberlippe. Ich lächelte – bis der Mann an der Rezeption mit einem Achselzucken verkündete: »Completo – ausgebucht!«

Doch ich wusste: durchdrehen oder aufgeben nützte jetzt nichts. Also biss ich die Zähne zusammen und suchte weiter. Wenige Meter entfernt entdeckte ich ein Plakat: »B&B Magnolia« – darunter ein Pfeil nach rechts. Ich folgte zig Schildern und hatte schließlich das Gefühl, Ortigia einmal komplett umrundet zu haben. Genauso war es auch: Eine Dreiviertelstunde später stand ich genau dort, wo ich gestartet war. Tränen der Verzweiflung schossen mir in die Augen.

Ich rettete mich in eine Bar, in der es zumindest schön kühl war. An der Theke standen zwei Jungs in meinem Alter. »Wisst ihr zufällig, wo das nächste B&B ist?«, seufzte ich und ließ demonstrativ meinen Koffer zu Boden sacken. »Ich suche schon seit Stunden und kann nicht mehr.«

»Ein Freund von mir vermietet Zimmer, gleich hier um die Ecke«, antwortete der eine. »Komm, ich führe dich hin.«

Ich dackelte hinter ihm her, erst die Straße hinunter, dann durch immer enger, immer dunkler werdende Gassen. War das wirklich eine gute Idee? Bevor ich mir Sorgen machen konnte, blieben wir vor einem hübschen Palazzo mit riesiger Holztür stehen. Sie öffnete sich und ein schmächtiger Kerl um die dreißig mit schwarzen Kringellocken trat heraus. Er hielt Wischmopp und Eimer in den Händen. Naja, wenigstens schienen die Zimmer sauber zu sein. Es folgte eine Überraschung: Patrick (der mit den Locken) bot mir für dreißig Euro pro Tag eine kleine Wohnung inklusive Küche und Bad an. Ein Traum!

Als ich gerade meine Sachen auspackte, klopfte es an der Tür. »Ich gehe heute Abend mit ein paar Freunden essen. Willst du mitkommen?«, fragte Patrick. Das war doch eine gute Gelegenheit, um meine Sprachkenntnisse zu testen! Nach Duschorgie und Wechseloutfit saß ich als neugeborener Mensch neben meinem freundlichen Gastgeber im Auto.

»Ich zeige dir die wichtigsten Sehenswürdigkeiten von Syrakus«, versprach Patrick, während er uns routiniert durch den Feierabendverkehr navigierte. Wenig später hielt er vor einer riesigen Arena, dem Sportzentrum der Stadt. Glaubte er wirklich, dass mich das interessierte? »Hier finden gerade Qualifikationsspiele für Olympia statt«, erklärte Patrick und stieg aus. Zielstrebig steuerte er auf einige Übertragungswagen zu, die vor dem Stadion parkten, ich lief immer schön hinterher. Mit einem lauten »Ciao« stürmte er einen der Wagen und umarmte scheinbar wahllos alle, die darin saßen.

Nur einer blieb mit dem Rücken zu uns sitzen. Ich sah seine schwarzen Locken und hörte, wie er auf Italienisch laut von zwanzig rückwärts zählte – wahrscheinlich bis zum Start der nächsten Übertragung. Plötzlich drehte er sich um: Ich blickte in seine mokkabraunen Augen und war wie vom Schlag getroffen. Er grinste, zählte weiter rückwarts und kehrte in seine Ausgangsposition zurück. »... dieci, nove, otto, sette ...«

Wow, wer war denn das? Auf einmal war ich froh, dass Patrick mich hergeführt hatte. Wir blieben noch eine Weile, und schließlich schien auch der Job des Mokka-Augen-Mannes getan zu sein. Er stand auf und umarmte Patrick, der uns endlich einander vorstellte. »Andrea, das ist Steffi aus Deutschland.«

Die beiden Jungs unterhielten sich in einem solchen Affenzahn auf Sizilianisch, dass ich kaum etwas verstand. Mit meinem Uni-Italienisch hatte dieser Dialekt nämlich herzlich wenig zu tun. Wie frustrierend!

Nach ein paar Minuten verkündete Patrick: »So, wir müssen los.« Andrea winkte zum Abschied und rief mir noch etwas zu, das ich allerdings nicht verstand. Hätte ich zu diesem Zeitpunkt schon besser Italienisch gesprochen, hätte ich gewusst, dass ich Andrea beim Abendessen treffen würde. So ging mir nur eins durch den Kopf: Toller Kerl – aber schade, dass ich ihn wahrscheinlich nie wiedersehen werde.

Patrick verließ zügig die Stadt und folgte einer Landstraße in die Berge. Es dämmerte schon, mein Handy hatte keinen Empfang. Als er auf einem Schotterplatz im Nirgendwo hielt, fragte ich nervös: »Wo sind wir hier?«

»Im Megalithos, einem der hippsten Restaurants der Gegend!«
Und wirklich: Hinter einer Mauer verbarg sich ein Party-Paradies. Endlos viele Tische und hohe Palmen umrahmten einen beleuchteten, türkis schillernden Pool. Sehr schön, aber noch sehr leer. Es war ja gerade mal 20 Uhr, und in Sizilien geht man üblicherweise erst ab 22 Uhr essen.

So waren Patrick und ich zuerst allein. Doch nach und nach kamen mehr seiner Freunde hinzu – auch Andrea! Als ich ihn sah, machte mein Herz einen Freudensprung. Wir quasselten bis um Mitternacht. Obwohl – quasseln konnte man das nicht wirklich nennen, denn es dauerte ewig, bis ich einen halbwegs passablen italienischen Satz zusammenstückelte. Kurz vor unserem Aufbruch fragte ich Andrea: »Sehen wir uns wieder?«

»Sehr gerne, aber morgen fahre ich erst mal für eine Woche in den Urlaub.«

»Wohin denn?«

»Nach Taormina.«

Das gab's doch nicht! Ich hatte selbst ein Zugticket nach Taormina in der Tasche. In drei Tagen wollte ich los. Von dort aus konnte man nämlich wunderbar eine Tour zum Ätna machen. »Super, dann können wir uns ja da noch mal treffen!«, sagte ich.

Wir tauschten Nummern aus und verabredeten uns am Bahnhof von Taormina. Doch dort angekommen wartete ich geschlagene zwei Stunden auf Andrea! Pünktlichkeit ist in Italien eben relativ. Als er und seine drei Freunde mich schließlich in ihr Auto luden, war ich leicht genervt und zweifelte an meiner Entscheidung. Doch am Strand von Taormina war der Ärger schnell vergessen. Ich verstand mich prima mit Andrea, wir lachten und schwammen zusammen. Im Meer, gleich vor der kleinen Isola Bella, küssten wir uns zum ersten Mal. Einfach so, ohne große Vorankündigung oder Fragerei. Es war einfach ein Gefühl, dem wir folgten. Zwischen Andrea und mir war alles klar.

Die nächsten Tage übernachtete ich gemeinsam mit den Jungs in ihrem Ferienapartment, und als sie sich wieder nach Syrakus aufmachten, fuhr ich mit. Zum ersten Mal in meinem Leben schmiedete ich keine großen Pläne. Ich ließ das Schicksal – und Andrea – machen. Er fuhr mich, ohne dass wir es abgemacht hätten, zu Freunden. »Hier kannst du erst mal bleiben.«

Die nächsten Tage waren wie ein Traum: Nach Feierabend holte Andrea mich ab, wir gingen essen oder bummelten durch die Stadt. Aber ewig wollte ich meinen großzügigen Gastgebern nicht zur Last fallen. Deshalb suchte ich mir mit Andreas Hilfe einen neuen Job: Auf einer Ranch im Naturschutzgebiet von Pantalica, westlich von Syrakus, sollte ich Tagestouren für Touristen zusammenstellen. Allerdings verirrte sich wegen der hohen Sommertemperaturen kaum ein Gast dorthin, und ich langweilte mich zu Tode. Allein dort zu übernachten war ziemlich unheimlich.

Schon heckte Andrea einen neuen Plan aus: Er fragte seine Mutter, ob es in Ordnung wäre, wenn eine »Bekannte« in der Stadtwohnung übernachten würde. Während des Sommers ziehen seine Eltern nämlich auf den Landsitz um. Andreas Mama Grazia hatte nichts dagegen, und so konnten wir es uns in ihrer Wohnung gemütlich machen. Am ersten Morgen taperte ich noch ganz verschlafen und mit Vogelnesthaaren in die Küche, da schmetterte mir eine kräftige italienische Stimme entgegen: »Buongiorno!« Eine zierliche Frau mit lockigem Haar (genau wie Andrea) stand vor mir.

»Steffi, darf ich dir vorstellen: meine Mutter«, sagte Andrea, der gerade noch geschlafen hatte, jetzt aber vor Schreck hellwach war.

»Sie müssen unbedingt zu uns aufs Land kommen, meine Liebe«, schlug Grazia vor. Wenige Stunden später saßen Andrea und ich an der Riesentafel im Grünen. Seine Familie nahm mich sofort herzlich auf. Von nun an war ich Stammgast auf dem Landgut. »Warum musst du überhaupt arbeiten?«, fragte Grazia, als wir gerade eine riesige Wassermelone zerlegten.

»Irgendwie muss ich ja schließlich Geld zum Leben verdienen.«

»Papperlapapp. Wohnen kannst du bei uns umsonst, essen auch und den Rest bezahlt Andrea.«

»Wie? Was? Aber…«

Obwohl so etwas eigentlich nicht in meinen emanzipierten Kopf passte, nahm ich Grazias Vorschlag an. Bis Ende September blieb ich in Syrakus, arbeitete nicht und genoss die Liebe. Dann aber fing die Uni wieder an. Den letzten Abend verbrachten Andrea und ich mit Freunden. Irgendwann zog er mich zur Seite und murmelte etwas von »fare una passeggiata«. Übersetzt heißt das so viel wie »einen Spaziergang machen«, eigentlich ist damit aber ein Gespräch unter vier Augen gemeint.

Andrea runzelte die Stirn und es war offensichtlich, dass ihm etwas auf dem Herzen lag: unsere Zukunft. Hatten wir überhaupt eine? Wie würde es weitergehen? »Jeder muss tun, was er für richtig hält«, fing er nachdenklich an, aber bevor er weiterreden konnte, fiel ich ihm um den Hals und drückte ihm einen Kuss auf den Mund. »Das halte ich für richtig.« Andrea strahlte. Wir würden zusammenbleiben.

Ein Semester musste ich noch in Passau absolvieren, dann würde ich meinen Abschluss in der Tasche haben. Während dieser Zeit telefonierten Andrea und ich jeden Tag. Weihnachten und Silvester feierten wir in Syrakus, im März besuchte er mich in Passau.

Kurz vor der Diplomvergabe bekam ich schließlich die Zusage für ein Leonardo-Da-Vinci-Stipendium, das Praktikanten innerhalb von Europa finanziell unterstützt. Perfekt: So konnte ich mir ein weiteres Jahr in Italien leisten!

»Warum gehen wir nicht zusammen nach Rom?«, schlug Andrea vor. Das lag ziemlich genau auf halber Strecke zwischen Syrakus und München, wo meine Eltern wohnen. Ich fand einen Praktikumsplatz bei einer Eventagentur und Andrea im Juli 2005 eine Wohnung für uns in Acilia, im Süden der Stadt.

Es folgte eine spannende Zeit, aber auf Dauer war Rom sehr anstrengend: Die Mieten sind astronomisch, der Verkehr der Wahnsinn, und wenn man sich auf dem Petersplatz den x-ten Absatz abbricht, verliert die jahrhundertealte Architektur langsam ihren Reiz. Trotzdem blieben wir fast drei Jahre dort – weil es bei Andrea beruflich super lief und ich nach meinem Praktikum als PR-Assistentin übernommen wurde.

Aber 2008 bekam ich ein tolles Jobangebot aus München. Andrea war der Erste, der sagte: »Nimm es an!«

»Das können wir doch nicht machen!«

»Warum nicht?«

»Na dann müssen wir doch ganz von vorne anfangen!«

»Und?«

»Du sprichst kein Deutsch!«

»Egal, das kann ich doch lernen. Genauso wie du Italienisch.«

Im Sommer 2008 zogen wir also nach Bayern. Obwohl Andrea anfangs kaum die Sprache beherrschte, ging er ganz offen auf neue Bekannte zu. Er kam mit zu einer Floßfahrt auf der Alz, zu Kneipenabenden oder zum Oktoberfest. Ich bewundere ihn für seine lockere und positive Art, die in unseren fünf gemeinsamen Jahren auch auf mich abgefärbt hat.

Andrea gibt mir Zuversicht. Ich habe keine Angst – egal, was uns die Zukunft bringt. Wer weiß, vielleicht ziehen wir noch mal in eine andere Stadt.

Oder wir gehen das Projekt Nachwuchs an. Was wann passiert, weiß ich noch nicht genau. Ich habe von Andrea gelernt, dass es Spaß macht, wenn man nicht jede einzelne Zukunftssekunde verplant.

Es kommt ja sowieso anders, als man denkt. Gott sei Dank. Sonst würde ich mich beim Einschlafen nicht in Andreas Arme kuscheln können und die Worte hören, die mir auf Italienisch bis heute am besten gefallen: »Ti amo – ich liebe dich.«

DANKE an ...

... *Jutta, die den ersten Dominostein anschubste*

... *alle Verwandten, Freunde und Freunde von Freun-*
den, die mich mit Geschichten versorgten

... *Alex (+ 1) für den Gefühls-Check*

... *diejenigen, die den Mut hatten, ihre Erlebnisse in*
diesem Buch zu erzählen – und dadurch anderen
Mut machen

... *Tina und ihren unerschöpflichen Liebes-Fundus*

... *Jens für energiespendende Kohlenhydrate-Mails*

... *Susie mit dem 1a-Durchblick*

... *»Optiker« Timm*

... *meine große Liebe – für dein Verständnis, als ich*
mich monatelang um die Liebe fremder Leute
kümmerte, aber für unsere kaum Zeit hatte

DIE AUTORIN

Anna Butterbrod wurde 1977 im Ruhrgebiet geboren. Nach dem Abitur verbrachte sie ein Jahr in Kalifornien, später studierte sie Germanistik und Anglistik in Düsseldorf und absolvierte die Axel-Springer-Journalistenschule in Hamburg. Sie hat für bekannte Frauenmagazine wie *Jolie* und *InTouch* gearbeitet und schreibt seit 2008 als freie Autorin unter anderem für *Frau im Spiegel* und das *ADAC Reisemagazin*.

Ihren Mr. Right entdeckte sie auf der gegenüberliegenden Seite eines Redaktionsschreibtisches.

Anna Butterbrod
LOVE, LOVE, LOVE
33 wahre Geschichten von der großen Liebe
ISBN 978-3-89602-947-8

Lektorat: Mareike Pörner | Titelfotos von oben: © shutterstock.com / Stanislav Popov | © shutterstock.com / Doreen Salcher | © shutterstock.com / Monika Olszewska

KATALOG

Wir senden Ihnen gern kostenlos unseren Katalog
Schwarzkopf & Schwarzkopf Verlag GmbH / Abt. Service
Kastanienallee 32 | 10435 Berlin
Telefon: 030 – 44 33 63 00 | Fax: 030 – 44 33 63 044

INTERNET | E-MAIL

www.schwarzkopf-schwarzkopf.de
info@schwarzkopf-schwarzkopf.de